Extração forense avançada de dados em dispositivos móveis

Jorge Ramos de Figueiredo
Fausto Faustino de França Júnior

Extração forense avançada de dados em dispositivos móveis

Técnicas aplicadas ao ambiente Android

Volume 1: Conceitos, fundamentos técnicos, diretrizes, métodos e documentos legais

Rio de Janeiro
2022

Copyright© 2022 por Brasport Livros e Multimídia Ltda.

Todos os direitos reservados. Nenhuma parte deste livro poderá ser reproduzida, sob qualquer meio, especialmente em fotocópia (xerox), sem a permissão, por escrito, da Editora.

Editor: Sergio Martins de Oliveira
Gerente de Produção Editorial: Marina dos Anjos Martins de Oliveira
Editoração Eletrônica: Abreu's System
Capa: Use Design

Técnica e muita atenção foram empregadas na produção deste livro. Porém, erros de digitação e/ou impressão podem ocorrer. Qualquer dúvida, inclusive de conceito, solicitamos enviar mensagem para **editorial@brasport.com.br**, para que nossa equipe, juntamente com o autor, possa esclarecer. A Brasport e o(s) autor(es) não assumem qualquer responsabilidade por eventuais danos ou perdas a pessoas ou bens, originados do uso deste livro.

DADOS INTERNACIONAIS DE CATALOGAÇÃO NA PUBLICAÇÃO (CIP)

F475e	Figueiredo, Jorge Ramos de. Extração forense avançada de dados em dispositivos móveis : técnicas aplicadas ao ambiente Android / Jorge Ramos de Figueiredo, Fausto Faustino de França Júnior. – Rio de Janeiro: Brasport, 2022. 128 p. : il. ; 17 x 24 cm. Inclui bibliografia. ISBN 978-65-88431-60-3 1. Criminalística. 2. Investigação forense. 3. Dispositivos móveis. 4. Android. I. Título. CDU 343.983:004.7.056

Bibliotecária responsável: Bruna Heller – CRB 10/2348

Índice para catálogo sistemático:
1. Segurança de redes na criminalística / Tecnologia e tática da investigação 343.983:004.7.056

BRASPORT Livros e Multimídia Ltda.
Rua Washington Luís, 9, sobreloja – Centro
20230-900 Rio de Janeiro-RJ
Tels. Fax: (21)2568.1415/3497.2162
e-mails: marketing@brasport.com.br
vendas@brasport.com.br
editorial@brasport.com.br
www.brasport.com.br

AGRADECIMENTOS

À minha mãe Maria Ayrtes, a quem eu devo tudo, desde a vida até o homem que sou hoje.

Aos meus filhos Jorge Junior e Guilherme, com todo o amor e carinho.

Aos meus filhos felinos Lucke e Koda, que me ensinaram o verdadeiro amor e o quanto nós temos de aprender com os animais e a natureza.

Ao professor Ricardo Theil (*in memoriam*), gratidão por seus ensinamentos.

Aos meus professores e peritos criminais federais André Machado Caricatti e Jorilson da Silva Rodrigues, os quais me apresentaram ao mundo do saber da Computação Forense.

À prof.ª Doutora Zulmara Virgínia de Carvalho, que de forma corajosa e receptiva me aceitou como seu orientando no curso de mestrado em Inovação Ciência e Tecnologia junto à UFRN.

Ao técnico industrial e pesquisador privado Djalma Fonseca, pela sua amizade, conhecimento e troca de experiências.

A todos os meus alunos e ex-alunos, em especial ao amigo e coautor Dr. Fausto F. Júnior.

Por um ministério público forte, atuante, científico, investigativo e independente, a todos os homens e mulheres anônimos do Gaeco que diuturnamente lutam por uma sociedade mais justa e honesta.

Jorge Ramos de Figueiredo

A Deus, razão de tudo e força para todos os momentos.

À minha mãe, Maria Norma, pela dedicação, paciência e esforços sem iguais.

À minha esposa Mabel e aos meus filhos Maíra e Matheus, nossa fortaleza e missão.

Ao meu professor de ensino médio Nivaldo Monteiro (*in memoriam*), grande incentivador da minha formação intelectual e curiosidade científica.

Ao Prof. Jorge Ramos, pela oportunidade de compartilhar experiências e conhecimentos.

Fausto Faustino de França Júnior

Prefácio

Muito honrado com a oportunidade de prefaciar o livro "Extração forense avançada de dados em dispositivos móveis", de autoria do professor Jorge Ramos de Figueiredo e de Fausto Faustino de França Junior.

Não existe momento mais oportuno para o lançamento da presente obra. Em tempos de pandemia, a interconectividade trouxe inúmeras oportunidades, como trabalho à distância, telemedicina, comércio eletrônico, dentre outros serviços. Por outro lado, o crime se aproveita dessas facilidades.

O uso dual da tecnologia prevalece nesse cenário. Softwares e hardwares criados com finalidade lícita são empregados ilicitamente e oportunizam uma maior lucratividade, além de assegurar a aplicação da lei penal. O telefone, por exemplo, tinha apenas uma função: originar e receber chamadas. Nos dias que correm, dificilmente se faz uma ligação.

Buscar elementos informativos diante de um ferramental tecnológico não tem sido fácil. Para um investigador, o cenário ideal é realizar, por exemplo, uma busca e apreender o smartphone desbloqueado, realizar a extração com ferramentas proprietárias e posterior análise dos dados.

Individualizar autoria em tempos de going dark – dificuldades de obter a evidência em razão de dispositivos bloqueados, comunicação encriptada e conteúdo armazenado em nuvem – é uma das agruras da investigação policial. Somem-se a isso as apreensões de telefones no sistema prisional, com telas danificadas e aparelhos quebrados, tornando impossível uma simples extração.

E agora, a investigação policial ficará comprometida? Os casos ficarão sem solução? A impunidade prevalecerá? O crime compensa? O que fazer?

Os autores trazem, de maneira brilhante, respostas para esses questionamentos em sua obra.

No primeiro momento, abordam os meios de prova no processo penal brasileiro, em especial no valor jurídico dos relatórios técnicos produzidos. Vale destacar a distinção feita por eles entre perícia e análise e ainda a garantia física da cadeia de custódia em extração de dispositivos móveis.

Em seguida, fazem uma excepcional abordagem sobre os métodos de extração clássica em dispositivos móveis (lógica, backup, sistema de arquivos e física). Já quando se trata de extração avançada, os autores assinalam os riscos envoltos eis que, por efeito da interferência humana, dados serão comprometidos. Dentre as técnicas apresentadas, apontam a melhor como aquela com o menor risco possível, ainda que não seja a ideal.

Por fim, trazem ensinamentos essenciais para o profissional com atuação na extração de dados em dispositivos móveis, desde a fundamentação legal, métodos básicos na investigação e triagem de vestígios até um modelo de referência para compra de um laboratório de extração.

Nas suas aulas, o professor Jorge Figueiredo menciona com frequência a teoria do caldo de cana para falar das expectativas do investigador relacionadas à tecnologia e à solução dos casos. Buscar evidências nos tempos modernos não é tão simples quanto colocar a cana de um lado e já receber o caldo do outro.

Trago, para esse contexto, os ensinamentos do professor Richard Bookstaber de que "nenhum homem é melhor do que uma máquina e nenhuma máquina é melhor do que um homem com uma máquina". Assim, o estado da arte na extração de dados será alcançado sempre com o profissional capacitado e o emprego dos melhores recursos tecnológicos.

Parabéns aos autores pela obra e ansioso pelo volume 2.

Boa leitura!!!

Alesandro Gonçalves Barreto é Delegado de Polícia Civil do Piauí. Coautor dos livros: Inteligência e Investigação Digital em Fontes Abertas; Manual de Investigação Cibernética; Vingança Digital; Cyber Dicas; Cybercards; Deep Web; Cibercrimes e os reflexos no direito brasileiro; e é Bom Demais para Ser Verdade. Foi Diretor da Unidade do Subsistema de Inteligência da Secretaria de Segurança Pública do Estado do Piauí de 2005 até 2016. Integrou o Grupo de Trabalho que revisou a Doutrina Nacional de Inteligência de Segurança Pública. Atualmente é servidor mobilizado da Secretaria de Operações Integradas do Ministério da Justiça e Segurança Pública.

Apresentação

Esta obra foi gestada a partir das observações e dificuldades crescentes na obtenção de dados para fins forenses advindos de dispositivos móveis dotados de criptografia. Na época estavam em uso os sistemas operacionais Android 6, 7 e 8, sendo utilizados padrões de proteção por *container*, em substituição aos antigos padrões de criptografia por sistema de pastas e arquivos.

Realizei por conta própria em dezembro de 2018 a importação da China dos primeiros equipamentos adaptadores para uso na técnica de *chip-off*[1], uma das várias que aqui serão tratadas, para dar início aos primeiros experimentos sobre o tema.

Confesso ter me apaixonado pela temática, onde pude associar o desejo de me especializar e agregar conhecimento profissional ao laboratório forense do GAECO/MPRN. Para tanto, me inscrevi e fui aceito no programa de mestrado profissional em ciência, tecnologia e inovação da UFRN (em andamento) ligado à escola de engenharia, sendo orientado pela Prof.ª Doutora Zulmara Virgínia de Carvalho, onde apresentei o projeto "A construção de uma metodologia para extração física de dados em ambiente Android, como alternativa às soluções de licença proprietária".

Como prova de conceito, tive a oportunidade de colocar em campo as teses e os métodos de capacitação voltados a agentes da Lei, em um curso específico promovido pelo Ministério da Justiça em agosto de 2020 no Distrito Federal, através da SEOPI (Secretaria de Operações Integradas). Policiais antes leigos no tema puderam se capacitar e se especializar com sucesso no uso de tais técnicas.

---

[1] Técnica de extração da memória de uma placa eletrônica por meio de aplicação de calor, seja por pressão e ou por radiofrequência.

XII Extração forense avançada de dados em dispositivos móveis

Nesta obra, em associação ao Dr. Fausto França, apresento a normalização e o escrutínio de todas as metodologias, fundamentos jurídicos e científicos que norteiam a extração avançada de dados em ambiente Android, com o foco no público técnico e jurídico que esteja dentro e fora das agências da Lei, peritos, delegados, promotores, juízes e demais interessados.

A obra foi dividida de forma estratégica em dois volumes: os fundamentos e aspectos com conotação jurídica e científica serão tratados no volume 1 e os procedimentos e práticas avançadas de maneira aprofundada e detalhada no volume 2.

O leitor poderá, sem sombra de dúvida, ter acesso de forma clara e simples aos conceitos ligados ao tema, fundamentos jurídicos, modelos de petições, especificações de equipamentos e fontes de pesquisa para o desenvolvimento das abordagens aqui tratadas.

Jorge Ramos de Figueiredo

Sobre os autores

Prof. Jorge Ramos de Figueiredo é formado em controladoria contábil pelas Faculdades Integradas do Ceará, com especialização em Administração e Segurança de Sistemas Computacionais pelas Faculdades Integradas do Ceará. Graduado pela Academia de Polícia Civil do Estado do Ceará, onde atuou como Inspetor de Polícia Civil no período de 1993 a 2014, operando de forma mais direta em delegacias especializadas nas áreas de combate a fraudes, repressão a furtos e roubos, combate ao narcotráfico e como docente na antiga Academia de Polícia Civil do Estado do Ceará.

Em 2005 obteve o Certificado em Análise Forense Computacional pela empresa Módulo Education SP, quando passou a atuar como perito das justiças federal e estadual em diversos estados, em principal nas temáticas cíveis e trabalhistas que envolvem a tecnologia da informação.

No ano de 2009, ingressou na carreira docente do ensino superior, atuando como professor dos cursos de graduação e pós-graduação em diversas IES no Brasil e no exterior, de forma mais ativa junto à UNP (Universidade Potiguar) de 2009 a 2018, em cursos de Engenharia Civil, Sistemas de Informação, Engenharia de Computação, Engenharia Elétrica, Análise e Desenvolvimento de Sistemas e Ciências da Computação, atuando também como coordenador do curso de pós-graduação em Computação Forense da Universidade Potiguar, coordenador do Projeto de Homologação de Sistemas PAF/ECF da Universidade Potiguar (Auditoria em Sistemas Fiscais Emissores de Cupons Fiscais). Foi professor dos cursos de formação de peritos em computação forense da Universidade de Fortaleza (Unifor) e Universidade Potiguar (UNP).

Professor convidado da Secretaria Nacional de Segurança Pública (SENASP-DF), Professor convidado do curso de especialização em Computação Forense da Faculdade Integral Diferencial do Estado do Piauí e Professor convidado do curso de especialização em Segurança de Redes com ênfase em Computação Forense da Faculdade Atual da Amazônia em Roraima. Em 2017 foi nomeado para o cargo em comissão de Assistente Ministerial de Informática do MPRN, sendo lotado no Laboratório de Computação Forense (responsável pela área de extração avançada de dados em dispositivos móveis, dentre outras atividades de cunho forense).

Em 2021, tornou-se membro pesquisador da Academia Brasileira de Ciências Forenses. Atua como Perito do Juiz da 17ª Vara Cível de Fortaleza (CE), Perito do Juiz da 3ª Vara do Trabalho em Natal (RN), Perito do Juiz da 7ª Vara do Trabalho em Natal (RN), Perito do Juiz da 9ª Vara do Trabalho em Natal (RN), Perito voluntário do Juiz das 7ª e 8ª Varas Criminais em Natal (RN), Perito credenciado nas varas cíveis da comarca de Natal (RN), dentre outras.

Prof. Fausto Faustino de França Júnior é Promotor de Justiça no Estado do Rio Grande do Norte desde 2004. Foi Coordenador do Grupo de Atuação Especial de Combate ao Crime Organizado (GAECO) do MPRN durante seis anos e durante quatro anos coordenou os laboratórios de Computação Forense e de Ciência de Dados do mencionado órgão. Professor convidado de Direito da Tecnologia da Informação em especialização da UNINASSAU. Possui quatro pós-graduações "lato sensu" (especializações), a saber: em Direitos Difusos e Coletivos pela UERN, em Computação Forense pela UnP, em Direito Eleitoral pela UNISUL e em Investigação Criminal, Constituição e Direito de Defesa pela UNIDERP. É palestrante convidado em cursos de formação e aperfeiçoamento funcional do MPRN e de Academias Policiais. Foi Professor da disciplina de Direito da Tecnologia da Informação da especialização em Computação Forense da UNP (Universidade Potiguar). Atuou como advogado militante no Estado de Pernambuco (2000/2001). Foi Procurador do Estado de Alagoas, exercendo as atribuições do respectivo cargo na Assessoria de Licitações e Contratos, na Procuradoria Judicial e no Gabinete Civil do Governador (2001/2004). Foi Professor da FAL – Faculdade de Alagoas (atual Estácio). Foi Professor da disciplina de crimes contra crianças e adolescentes em especialização sobre intervenção psicossocial na área da infância e juventude promovida pelo IBEPIS/PUC/Goiás.

Sumário

Introdução 1

1. Do valor jurídico de relatórios técnicos enquanto meios inominados de prova em processo penal e sua distinção das perícias forenses... 3

Contextualização: a tecnologia da informação como instrumento dos hábitos e usos sociais e o procedimento de busca e apreensão 3

Meios de prova no processo penal 6

Da perícia e da análise: uma distinção necessária 11

Ferramentas de computação forense, garantia física da cadeia de custódia, *hash* matemático e autenticidade de dados digitais 16

O tema na jurisprudência 18

Conclusões 38

2. Modelo de pedido de extração avançada de dados em dispositivos móveis ao Poder Judiciário 39

3. O que é e como se operam os métodos clássicos de extração de dados em dispositivos móveis 42

Aspectos históricos das modalidades de extração clássica 42

Definição de extração clássica 43

Padrões de criptografia nos dispositivos móveis 43

Formas de extração clássica 45

Extração manual (lógica manual) 46

Extração por meio de *backup* e sistemas de arquivos 47

Extração física 48

4. O que é extração avançada e seus fundamentos dentro das ciências forenses 49

Aspectos históricos relevantes 49

Definindo extração avançada 52

Os riscos e os fundamentos forenses aplicados à extração avançada 54

XVIII Extração forense avançada de dados em dispositivos móveis

A melhor extração pelo menor risco possível 55
Obtenha privilégios com cautela 55
O magistrado deve ser o primeiro a saber 55
Os fundamentos forenses aplicados à extração avançada 56
Aplicação de técnicas de manutenção corretiva (pré-avançadas) 58
Extração avançada por meio de software (*flash*) 60
Extração avançada por meio de intervenção eletrônica (JTAG) 67
Extração avançada por meio de intervenção eletrônica (ISP) 68
Extração avançada por meio de intervenção eletrônica (EDL) 71
Extração avançada por meio de remoção do *chip* (*chip-off*) 73
Conhecendo os padrões de memória sólida e suas características 78
A memória eMMC 78
A memória UFS 79
O processo de extração por microleitura 81

5. Fundamentação legal para extração avançada e aplicação das normas de cadeia de custódia **82**
Dos fundamentos em ciências forenses 82
O procedimento de coleta 83
O procedimento de lacre 85
O procedimento de transporte 87
O procedimento de transferência para outras diligências 87

6. Métodos básicos de identificação e triagem de vestígios aplicados à extração avançada em dispositivos móveis **88**
Identificando o vestígio e analisando, planejando e executando estratégias 88

7. Modelo de termo de referência para a execução do processo de compra de um laboratório de extração avançada **90**
As metodologias de aquisição do laboratório avançado de extração 90
O modelo do termo de referência 91

8. O que esperar do volume 2 .... **99**
Aplicação prática do conhecimento 99

Bibliografia **100**

Introdução

A extração de dados *mobile* em ambiente "avançado" pode ser definida como sendo aquela em que os níveis de conhecimento e ferramentas clássicas de extração não conseguem surtir o efeito necessário ao resultado esperado pelas forças da lei. Ao contrário do que se possa imaginar, as técnicas aqui descritas não são consideradas "novas" – muito pelo contrário: desde os idos de 1990 procedimentos de extração de dados via *chip-off*, ISP[2] ou mesmo JTAG[3] já eram explorados no meio industrial ou nas áreas de automação comercial/industrial. Nos anos 2000, com a popularização dos aparelhos telefônicos padrão *smartphone*, vieram à tona os equipamentos de intervenção lógica (software), que são popularmente conhecidos como *box* e se tornaram uma alternativa eficaz de acesso a dados relevantes que estejam armazenados em aparelhos celulares. Com isso, diversas agências da lei passaram a desenvolver estudos e elaborar métodos que comprovem a eficácia de tais procedimentos no uso da extração forense de dados. Nesta compilação, vamos tratar dos métodos avançados que podem ser executados como auxílio da *box* ou do conjunto de software e hardware auxiliar.

---

[2] *In-System Programming.* Sigla que em tradução livre na língua portuguesa significa Programação Direta no Sistema, sendo uma forma de extrair e inserir dados em uma memória de estado sólido por meio de microssoldas.

[3] *Joint Test Action Group.* Método desenvolvido na década de 1980 por um grupo de pesquisa para analisar, conectar e extrair dados e escrever informações em dispositivos eletrônicos, fazendo uso de um protocolo próprio para comunicação.

1. Do valor jurídico de relatórios técnicos enquanto meios inominados de prova em processo penal e sua distinção das perícias forenses

Contextualização: a tecnologia da informação como instrumento dos hábitos e usos sociais e o procedimento de busca e apreensão

No dia 03 de outubro de 1941, quando o Presidente Getúlio Vargas assinou o Decreto-Lei nº 3.689, o Código de Processo Penal, a rede mundial de computadores estava longe de existir. Naquele momento o esforço de guerra até impulsionava um avanço na Tecnologia da Informação (TI), mas talvez nem o mais entusiasmado otimista imaginasse o impacto que a informática um dia teria na vida da sociedade e dos cidadãos em geral.

Naquele momento, editou-se uma normatização que em linhas gerais disciplina até hoje a medida cautelar processual penal de busca e apreensão, tendo como pedra angular a defesa do domicílio físico do cidadão, a intangibilidade do lar. Na Constituição de 1988 o tema constou expressamente do rol dos direitos e garantias fundamentais[4].

No atual momento histórico, em que pese ainda ser forte algum apego a "papel", há um progressivo abandono de agendas, blocos, cadernos e anotações físicas, usando-se cada vez mais opções de ferramentas de TI para esse mister, seja em dispositivos, seja em soluções em "nuvem", tornando-se cada vez mais relevante, em investigações cíveis e criminais, a apreensão de equipamentos e mídias móveis de armazenamento de dados para serem objeto de pesquisa prospectiva, através de procedimento de aquisição, extração e análise de dados.

---

[4] "Art. 5º (...) XI – a casa é asilo inviolável do indivíduo, ninguém nela podendo penetrar sem consentimento do morador, salvo em caso de flagrante delito ou desastre, ou para prestar socorro, ou, durante o dia, por determinação judicial".

4 Extração forense avançada de dados em dispositivos móveis

De idêntica maneira, ocorre abandono sistemático de correspondências em papel, posto que as antigas cartas a serem enviadas pelos correios estão em franco processo de extinção, sendo substituídas por e-mails ou aplicativos de comunicação instantânea, possibilitando interação infinitamente mais eficiente, em tempo real e em nível global.

Tal como ocorre com a busca e apreensão de uma pasta contendo documentos físicos, a pretensão do investigador ao apreender equipamentos de armazenamento é ter acesso aos dados digitais ali constantes, fazendo-se cópia no padrão forense[5] para garantia de autenticidade.

A informação é o objetivo da busca, sendo que a informação digitalizada é perfeitamente auditável para se identificar quem a criou, datas e horários, dentre vários outros detalhes especificados nos *logs*[6] e nos metadados, assegurando-se, assim, uma cadeia de custódia cuja comprovação científica se materializa de forma objetiva.

Importante nesse passo conceituar também a figura dos metadados, que são elementos fundamentais para o cientista forense e para o analista.

Em geral conceituados como "dados sobre dados", ou seja, elementos que detalham um dado, eis que permitem, por exemplo, identificação de usuário de criação, data, hora, local (em certos casos), dentre várias outras possíveis informações, sendo descritos mais tecnicamente por Velluci (1998) como "(...) dado que descreve atributos de um recurso, caracteriza suas relações, apoia sua descoberta e uso efetivo, e existe em um ambiente eletrônico. Usualmente consiste em um conjunto de elementos, cada qual descrevendo um atributo do recurso, seu gerenciamento, ou uso".

Os dados armazenados, destarte, têm valor probatório e até econômico.

Na linha do pensamento de Manuel Castells (2013), é perceptível que se consolidou na realidade a tese da "sociedade em rede" e se vive contemporaneamente a era do "capitalismo informacional", onde a informação por si só é um bem mensurável e de valor tal qual o bem físico, superados os conceitos clássicos de economia de que a

---

[5] Para esse fim há várias ferramentas que garantem cientificamente a autenticidade da cópia, inclusive com geração de *hash* matemático que integra essa garantia. Nesse cenário destacam-se as ferramentas Cellebrite UFED, FTK Imager, EnCase, dentre outras.

[6] Os próprios sistemas operacionais possuem ferramenta de gerenciamento de *logs*: no Windows há o gerenciador de eventos, que é uma das ferramentas do painel de controle. E iguais controles existem em sistemas operacionais como o iOS (*iPhone Operational System*) e o Android.

riqueza seria advinda da propriedade de bens imóveis ou da propriedade dos meios de produção.

Sobre o tema, leciona Patrícia Peck Pinheiro (2010, p. 48):

> "Segundo Tofler, a evolução da humanidade poderia ser dividida em três ondas. A primeira delas teve início quando a espécie humana deixou o nomadismo e passou a cultivar a terra. Essa Era Agrícola tinha por base a propriedade da terra como instrumento de riqueza e poder. A Segunda Onda tem início com a Revolução Industrial, em que a riqueza passa a ser uma combinação entre propriedade, trabalho e capital. (...)
>
> Como em toda transição, a chegada da Terceira Onda, a Era da Informação, começa a dar seus primeiros sinais ainda antes do apogeu da Segunda Onda, com a invenção dos grandes veículos de comunicação como o telefone, o cinema, o rádio e a TV, num período de cinquenta anos entre o final do século XIX e o início do século XX. Esses veículos, nos quais trafegam volumes crescentes de informação – a característica central da Terceira Onda – conheceram sua expansão ainda a serviço do modelo de produção em grande escala, de massificação, centralização de poder e estandardização direto pela Era Industrial."

Nesse novo contexto, onde instrumentos de TI são cada dia mais integrados aos hábitos e costumes por cidadãos em geral, pelo próprio Estado e por grandes e pequenas corporações, é latente que tais ferramentas sirvam para fazer o bem ou para fazer o mal.

No plano normativo, não há maiores controvérsias, sendo certo que as evidências digitais têm o mesmo valor das físicas, sobre o que disserta Marcelo Batlouni Mendroni (2020, p. 164):

> "Como se vê, a alínea ''h'[7] fecha os itens em tipo aberto, viabilizando qualquer que seja o objeto, documento ou instrumento que sirva como 'elemento de convicção' em relação à existência do crime, a forma como foi praticado e sua autoria. Nos dias atuais, com o veloz avanço da tecnologia, não há como desconsiderar a necessidade de apreensão de material com dados gravados em meios magnéticos, especialmente de informática, como HDs (*hard discs*), disquetes, CDs, *pen drives* etc., que comumente contém valioso material probatório."

---

[7] Referência à alínea "h" do §1º do art. 240 do Código de Processo Penal.

6 Extração forense avançada de dados em dispositivos móveis

Depreende-se, pois, que em sendo a investigação um projeto de pesquisa pelo qual se deseja, com o ato de apreensão, a coleta de provas que vão formar um conjunto para colmatar vazios, não há qualquer óbice quanto à natureza (física ou digital) das evidências, sejam elas apreendidas em um equipamento por meio de uma busca deferida judicialmente, seja pela autoridade policial em um flagrante após regular revista pessoal a uma pessoa abordada, seja pela apreensão no local de crime (art. 6º, II, do Código de Processo Penal), seja ainda pela entrega voluntária por um delator, por exemplo.

Meios de prova no processo penal

Tradicionalmente, a teoria geral do processo classifica, grosso modo, as provas em oral, documental e pericial, tendo o Código de Processo Civil de 2015 elencado disciplina a respeito de provas fotográficas, cinematográficas e fonográficas no capítulo da prova documental (art. 422, na seção VIII, do capítulo XII, do título I, do Livro I – Da Prova Documental[8]).

Por óbvio, então, uma fotografia, um áudio ou uma filmagem não são perícias, mas têm valor probatório indiscutível. De forma rotineira, fotografias, vídeos, imagens de circuitos fechados de televisão (CFTVs), de outros tipos de câmeras de segurança ou de redes sociais são anexados em processos e têm conteúdo valorado pelo Judiciário. Havendo alegação de montagem, fraude ou adulteração, poderão ser objeto, aí sim, de perícia.

Essa premissa reforça a constatação lógica de que não são só perícias no Processo Penal que formam o arcabouço de provas diversas da prova oral. É certo inclusive que o impacto de um áudio, de uma fotografia e sobretudo de um vídeo pode ser grande no cenário probatório e, quiçá, ter influência no convencimento de um Juiz, ou de um jurado, maior até mesmo do que uma perícia tradicional.

No âmbito de uma perícia de local de crime clássico, pode-se dizer que um corpo de uma vítima tombado ao chão crivado de balas deve ser preservado para os trabalhos da perícia oficial. Todavia, a realidade demonstra que não é incomum populares filmarem esse tipo de local ou fotografarem. Esses vídeos e fotos substituem a perícia? Evidentemente que não, mas valem por si mesmo, enquanto foto e enquanto vídeo, e podem ter força probatória e trazer ao processo dados relevantes.

---

[8] Essas disposições se aplicam ao Processo Penal por força da norma de integração do art. 3º do CPP.

Identicamente, relatórios de recognição visuográfica em local de homicídio realizados pela Polícia não são perícias, mas podem, sim, ter valor relevante, contendo esquemas gráficos, dados de localização, dentre várias outras informações de extrema utilidade, e serão avaliados enquanto prova documental, com um certo cunho técnico sim, eis que elaborados por profissionais policiais, com a vivência respectiva e conhecimento, teórico ou no mínimo prático, de criminalística.

O mesmo ocorre na área da Infância e Juventude, com relatórios técnicos produzidos por assistentes sociais e psicólogos de serviços como CRAS[9] e CREAS[10]. Não há como negar, unicamente pelo "rótulo", valor a esses documentos com carga técnica, só pelo fato de serem oriundos de fontes diversas da perícia oficial. Temos que o caminho é a discussão do conteúdo do documento em si, da metodologia, da técnica e do conhecimento científico empregado, debate a ser travado dentro das respectivas ciências.

Isso porque vigora no Processo Penal o princípio da liberdade dos meios de prova, sobre o qual explica com precisão Renato Brasileiro de Lima (2013, p. 624 e 626):

> "Por conta dos interesses envolvidos no processo penal – de um lado, o interesse do indivíduo na manutenção do *ius libertatis*, com pleno gozo de seus direitos fundamentais, do outro, o interesse estadual no exercício do *jus puniendi*, objetivando-se a tutela dos bens jurídicos protegidos pelas normas penais – adota-se, no âmbito do processo penal, a mais ampla liberdade probatória, seja quanto ao momento ou tema da prova, seja quanto aos meios de prova que podem ser utilizados. Considerando os princípios da busca da verdade e da liberdade probatória, há, no processo penal, uma liberdade probatória bem maior que no processo civil.
>
> (..)
>
> Por fim, quanto aos meios de prova, vigora no processo penal ampla liberdade probatória, podendo a parte se valer tanto de meios de prova nominados, quanto de meios inominados. O parágrafo único do art. 155 do CPP reforça essa liberdade probatória quanto aos meios ao dispor que somente quanto ao estado das pessoas serão observadas as restrições estabelecidas na lei civil. *A contrario sensu*, portanto, desde que o objeto da prova não verse sobre o estado das pessoas, qualquer meio de prova poderá ser utilizado.

---

[9] Centro de Referência da Assistência Social.

[10] Centro de Referência Especializado de Assistência Social.

8 Extração forense avançada de dados em dispositivos móveis

Obviamente, esses meios de prova devem ter sido obtidos de maneira lícita e com respeito à ética e à moral, haja vista o preceito constitucional que veda a admissibilidade no processo de provas obtidas por meios ilícitos (CF, art. 5º, LVI)."

Na mesma linha sintetiza Denilson Feitoza Pacheco (2009, p. 715): "Quanto aos meios, podem ser utilizados, no processo penal brasileiro, geralmente, quaisquer meios probatórios, ainda que não especificados em lei, desde que não sejam inconstitucionais, ilegais ou imorais."

Na legislação brasileira, destarte, não existe hierarquia entre meios de prova, sejam eles meios nominados ou inominados, e muito menos existe algum monopólio radical ou absoluto da perícia oficial como o único meio hábil a se comprovar materialidade, existindo várias exceções na jurisprudência e na legislação pela admissão de outros mecanismos probatórios, outros meios, inclusive por documentos de natureza técnica ou científica.

A primeira das exceções à regra da perícia oficial é a figura do perito *ad hoc* que segue existente[11], atento o legislador à realidade do país, onde muitos Estados têm grande debilidade estrutural em seus serviços de perícia oficial, sendo imprescindível a previsão em testilha, sobretudo nas regiões mais longínquas das capitais e grandes polos e centros urbanos.

Outra exceção à perícia oficial está na Lei nº 9.099/95:

"Art. 77. (...)

§ 1º Para o oferecimento da denúncia, que será elaborada com base no termo de ocorrência referido no art. 69 desta Lei, com dispensa do inquérito policial, **prescindir-se-á do exame do corpo de delito quando a materialidade do crime estiver aferida por boletim médico ou prova equivalente.**" (Destaque acrescido)

---

[11] "Art. 159. (...) § 1º Na falta de perito oficial, o exame será realizado por 2 (duas) pessoas idôneas, portadoras de diploma de curso superior preferencialmente na área específica, dentre as que tiverem habilitação técnica relacionada com a natureza do exame. (Redação dada pela Lei nº 11.690, de 2008)"

E mais uma é encontrada no Decreto Federal nº 1.655/95:

> "Art. 1º **À Polícia Rodoviária Federal**, órgão permanente, integrante da estrutura regimental do Ministério da Justiça, no âmbito das rodovias federais, compete: (...)
>
> V – **realizar perícias**, levantamentos de locais boletins de ocorrências, investigações, testes de dosagem alcoólica e outros procedimentos estabelecidos em leis e regulamentos, imprescindíveis à elucidação dos acidentes de trânsito;" (Destaque acrescido)

E finalmente a jurisprudência também é alerta à importância do tema:

> Habeas Corpus substitutivo de agravo regimental. Roubo circunstanciado. Apreensão e **perícia da arma de fogo. Desnecessidade. Majorante comprovada por outros meios idôneos de prova.** (...) 2. O ato impugnado está em conformidade com a jurisprudência de ambas as Turmas do Supremo Tribunal Federal, no sentido de que a majorante do emprego de arma de fogo (art. 157, § 2º, I, do Código Penal) **"pode ser evidenciada por qualquer meio de prova**, em especial pela palavra da vítima – reduzida à impossibilidade de resistência pelo agente – ou pelo depoimento de testemunha presencial..."(HC 96.099, Rel. Min. Ricardo Lewandowski, Plenário). Precedentes. 3. Habeas Corpus extinto sem resolução de mérito por inadequação da via processual.
>
> (STF, HC 108225, Relator(a): Min. ROBERTO BARROSO, Primeira Turma, julgado em 19/08/2014, PROCESSO ELETRÔNICO DJe-176 DIVULG 10-09-2014 PUBLIC 11-09-2014. Destaque acrescido)
>
> AGRAVO REGIMENTAL EM RECURSO ESPECIAL. DIREITO PENAL. CRIME AMBIENTAL. MATERIALIDADE. **LAUDO PERICIAL. PROVA SUPRIDA POR OUTROS MEIOS.** AUTORIA. RESPONSABILIDADE PENAL DO SÓCIO ADMINISTRADOR.
>
> 1. Resta suficientemente demonstrada a materialidade delitiva com base na notícia de infração penal ambiental, no auto de infração ambiental, no termo de embargo, no levantamento fotográfico, no auto de constatação, bem como nos depoimentos dos policiais militares que evidenciam o corte de árvores nativas do Bioma Mata Atlântica em estágio médio de regeneração, sendo dispensável a elaboração de laudo por perito oficial mormente se os autores provocaram incêndio na floresta para a limpeza do local, comprometendo assim os vestígios deixados pelo delito e impossibilitando ou dificultando a perícia.

2. A responsabilidade penal do sócio-administrador e da pessoa jurídica resta regularmente demonstrada na hipótese em que este concorre para a realização do crime ordenando a limpeza do terreno e mais, sabendo da prática da conduta típica descrita no artigo 38A da Lei nº 9.605/98 pelo seu preposto, deixou de agir quando podia e devia para evitá-la.

3. Agravo regimental improvido.

(STJ, AgRg no REsp 1601921/SC, Rel. Ministra MARIA THEREZA DE ASSIS MOURA, SEXTA TURMA, julgado em 06/09/2016, DJe 16/09/2016. Destaque acrescido)

AGRAVO REGIMENTAL NO AGRAVO EM RECURSO ESPECIAL. USO DE DO-CUMENTO FALSO. VIOLAÇÃO AO PRINCÍPIO DA COLEGIALIDADE. NÃO OCORRÊNCIA. AUSÊNCIA DE PERÍCIA. COMPROVAÇÃO POR OUTROS MEIOS DE PROVA. AGRAVO NÃO PROVIDO.

(...)

2. A jurisprudência deste Superior Tribunal entende que, para a configuração do crime previsto no art. 304 do Código Penal, **a perícia pode ser dispensada, na hipótese de existência de outros elementos a embasar o reconhecimento da falsidade do documento e do uso de documento falso.**

3. Agravo regimental não provido.

(STJ, AgRg no AREsp 466.831/PR, Rel. Ministro ROGERIO SCHIETTI CRUZ, SEXTA TURMA, julgado em 05/05/2015, DJe 13/05/2015. Destaque acrescido).

Sensível também a esse entendimento e percebendo ainda os entraves processuais que perícias desnecessárias podem trazer ao andamento dos feitos, o Código de Processo Civil de 2015 estabelece de forma clara:

"Art. 422. Qualquer reprodução mecânica, como a fotográfica, a cinemato-gráfica, a fonográfica ou de outra espécie, tem aptidão para fazer prova dos fatos ou das coisas representadas, se a sua conformidade com o documento original não for impugnada por aquele contra quem foi produzida.

§ 1º As fotografias digitais e as extraídas da rede mundial de computadores fazem prova das imagens que reproduzem, devendo, se impugnadas, ser apre-sentada a respectiva autenticação eletrônica ou, não sendo possível, realizada perícia. (...)

§ 3º Aplica-se o disposto neste artigo à forma impressa de mensagem eletrônica."

"Art. 464. A prova pericial consiste em exame, vistoria ou avaliação.

§ 1º O juiz indeferirá a perícia quando:

I – a prova do fato não depender de conhecimento especial de técnico;

II – for desnecessária em vista de outras provas produzidas;

III – a verificação for impraticável."

Em suma, o legislador do Processo Penal de 1941 não conseguiria, naturalmente, prever em *numerus clausus* todos os meios de prova, de tal sorte que, sem olvidar da evidente importância da perícia oficial, existem outras provas, outros elementos que podem trazer ao feito argumentos técnicos ou científicos que devem ser valorados pelo Judiciário, sem prejuízo da discussão científica a respeito da evidência e metodologias empregadas na produção do relatório técnico, cuja dialética precisa ser pautada dentro da ciência respectiva.

Da perícia e da análise: uma distinção necessária

Um ponto a ser ressaltado na presente discussão é a respeito das situações em que, efetivamente, apresentam-se hipóteses de necessidade de trabalho pericial propriamente dito, visto que pairam, certas vezes, confusões entre simples análise (documental ou jurídica) e perícia.

Como já ressaltado no início, os dados digitais têm substituído, enquanto uso social geral, documentos e outras anotações físicas. Contudo, não resta dúvida de que uma planilha, um arquivo de editor de texto, um extrato bancário ou de ligações telefônicas, uma troca de mensagens de texto etc. são provas de natureza ontologicamente documental, apenas substituídas pelo formato digital.

A análise de um documento que esteja no formato digital não necessita de conhecimentos extraordinários. Se é apreendido um *pen drive* ou um DVD, teoricamente pode o Juiz apenas acessar tais dispositivos em seu computador e observar o conteúdo.

Esse exercício é obviamente de análise (não de perícia), todavia, pode se tornar bastante trabalhoso – tal qual sempre foi um processamento de vários volumes de papel – se no dispositivo de informática existir um volume grande de dados, daí por

12 Extração forense avançada de dados em dispositivos móveis

que um relatório de análise, que aplique filtros e já sintetize ao Juiz o que há nas mídias de relevante para os pontos controvertidos do caso, é de grande utilidade, quiçá fundamental, na prática.

Uma premissa de toda essa discussão é o reconhecimento de que o processo "em papel" está em crise e tende ao fim muito em breve, demandando dos operadores do Direito uma mudança de postura, com o emprego de outros métodos de trabalho para realizar a tarefa comezinha de análise.

Para se chegar ao relatório da sentença, uma vez superado o "papel", o Juiz terá que passar, de forma rotineira, no bojo do processo digital pela análise de áudios, vídeos, planilhas e outros documentos eletrônicos e, certamente, hão de existir ferramentas com filtros e mecanismos de buscas para facilitar esse dever de análise.

Essa realidade já é comum onde o processo digital foi totalmente implantado e em, por exemplo, investigações que contem com cautelar de afastamento de sigilo bancário, onde os extratos em papel foram substituídos por extratos digitais quando na operacionalização do afastamento há uso da ferramenta SIMBA[12]. Tais extratos (normalmente, uma massa de dados de análise dificultosa em razão do volume) demandam trabalho, repita-se, que não é pericial e que pode ser facilitado por ferramentas de TI que apliquem filtros e pesquisa de vínculos, mas que essencialmente não é perícia.

Por outras palavras, a dificuldade da análise derivada da grande massa de dados não implica na incapacidade do Juiz de fazer o seu trabalho de conhecimento, apenas é racional e recomendado com ênfase o uso de ferramentas tecnológicas para facilitar esse trabalho, otimizando tempo e resultados.

Conforme ensinamento doutrinário de Bonfim (2012, p. 394), a perícia é "o exame realizado por pessoa que detenha expertise sobre determinada área do conhecimento – o perito –, a fim de prestar esclarecimentos ao juízo **acerca de determinado fato de difícil compreensão**, auxiliando-o no julgamento da causa" (negrito acrescido).

Da doutrina clássica do Processo Civil, de igual modo se depreende que "por se tratar de prova especial, subordinada a requisitos específicos, a perícia só pode ser admiti-

---

[12] Sistema de Investigação de Movimentações Bancárias. SIMBA é um conjunto de processos, módulos e normas para tráfego de dados bancários entre instituições financeiras e órgãos governamentais que foi desenvolvido pela Assessoria de Pesquisa e Análise (ASSPA) da Procuradoria-Geral da República.

da, pelo juiz, **quando a apuração do fato litigioso não se puder fazer pelos meios ordinários de convencimento**" (THEODORO JÚNIOR, 1997, p. 479).

Como se percebe, a análise não se confunde com a perícia.

Não se confunde dificuldade de análise de volume de dados com dificuldade cognitiva derivada da necessidade de conhecimentos científicos estritamente especializados, como o são os conhecimentos de medicina, de química, de biologia, de engenharia civil etc.

Mesmo ferramentas avançadas para facilitar a análise de dados volumes não se confundem com a perícia, reitere-se. Na análise de uma grande massa de extratos bancários digitais há softwares de análise, como o IBM/i2, que buscam pesquisar vínculos, facilitando o trabalho do analista, inclusive através de diagramas, mas isso não retira a essência da missão: análise de documentos em formato digital.

Até mesmo o uso de ferramentas que viabilizam acesso a dados protegidos por senha, a nosso sentir, não é trabalho sujeito a monopólio pericial. Aqui fazendo um paralelo com a perícia clássica, se vizinhos de uma residência escutaram disparos de arma de fogo e chamaram a polícia, e se esta, já suspeitando de evento morte, aciona perícia oficial, não há como se defender a tese de que apenas o perito possa arrombar uma porta, a partir da qual se terá acesso à cena do crime. Evidentemente que esse trabalho de esforço físico para arrombar a porta não é exclusivo dos peritos e, normalmente, não é feito por eles.

Aliás, nem mesmo a coleta de evidências no local de ocorrência policial, onde devem começar os cuidados com a cadeia de custódia, na sua fase externa, é sujeita a um monopólio radical ou absoluto da perícia oficial, eis que o Código de Processo Penal diz que a coleta será feita **"preferencialmente"** por perito oficial (art. 158-C). Do contrário, seria necessário um perito oficial para compor todas as guarnições policiais do país, ou existir um perito em cada bairro, ou em cada esquina, impossibilitando policiais de coletar armas, drogas ou veículos. Logo, há que se fazer a correta leitura dos arts. 158-A, §1º, e 158-B, IV, do Código de Processo Penal, para tratar desigualmente situações desiguais e separar os protocolos para a coleta de evidências sensíveis e de evidente risco de deterioração, como as biológicas (sangue, esperma, cabelo etc.), da coleta de evidências simples (armas, drogas e veículos, p. ex.), o que também, é claro, não dispensa os devidos cuidados de identificação, cadastro e controle, sobretudo na fase interna, esta já no âmbito do órgão pericial oficial.

14 Extração forense avançada de dados em dispositivos móveis

Na Computação Forense, que é uma ciência exata, o paralelo é perfeito no que se refere à etapa de aquisição de senhas de um dispositivo protegido e o ingresso em uma residência fechada. Essa aquisição poderá ser voluntária no caso de um delator, que forneça as senhas, por exemplo, ou poderá se dar através de ferramentas de TI específicas desenvolvidas para decifrar senhas, que inclusive podem fazer isso de forma quase automatizada, com pouca intervenção humana, haja vista que o conjunto de instruções de software por meio de algoritmos próprios produz os resultados em forma de extração.

E, mais uma vez, todos os atos praticados pela equipe técnica de TI para quebrar a senha serão passíveis de auditoria na evidência digital, caso impugnada.

A tese pela qual o Juiz não poderia exercitar qualquer conhecimento de TI e que a perícia oficial seria uma onisciência exclusiva para qualquer matéria que não seja jurídica, ou seja, que qualquer tarefa técnica, ainda que comezinha (analisar o conteúdo de um HD, por exemplo), necessitaria de perícia oficial, conduziria a graves consequências disfuncionais, impedindo o uso de documentos técnicos oriundos de outros servidores públicos com aptidão para tanto e criando-se um monopólio da perícia, uma espécie de "PEC 37[13] da perícia", algo que não existe e não possui fundamento no ordenamento jurídico.

Logo, a pergunta a ser feita é: quando a perícia é realmente necessária em matéria de Computação Forense?

Galileu Batista de Sousa (VELHO; GEISER; ESPINDULA, 2021), mostrando-se crítico quanto a demandas a peritos que não visam provar a materialidade, função precípua da perícia, explica que a análise em dispositivo de mídia de armazenamento mediante busca por palavras-chave é de grande casuística. Todavia, pondera:

> "Em que pese se tratar de uma atividade relevante em várias situações, no contexto brasileiro, trata-se corriqueiramente de uma inversão de procedimento, onde a fase de análise (ou mesmo o laudo pericial) tem o objetivo de identificar os dispositivos relevantes à investigação. Tipicamente se dá o caso em que o perito é solicitado apenas para indicação de arquivo ou fragmentos que contêm palavras dentro de um conjunto selecionado, e não à identificação de elementos que materializam um suposto crime."

---

[13] Proposta de Emenda à Constituição que foi rejeitada pela Câmara dos Deputados em 2013, que pretendia criar um monopólio da investigação criminal para as polícias Civil e Federal.

Na sequência, o mesmo autor exemplifica, aí sim, perícia propriamente dita na área de Computação Forense, discorrendo sobre adulteração de dados e de tempo em um sistema computacional, típica perícia que pode ser derivada de fundada impugnação a relatório técnico.

Fica translúcido, destarte, que perícia não se confunde com análise e nesse sentido é tranquila a jurisprudência:

> PENAL E PROCESSO PENAL. AGRAVO REGIMENTAL NO AGRAVO EM RECURSO ESPECIAL. AFRONTA AO ART. 6º, § 1º, DA LEI Nº 9.296/96 E AO ART. 157 DO CPP. **INTERCEPTAÇÃO TELEFÔNICA. DEGRAVAÇÕES REALIZADAS POR PERITOS. DESNECESSIDADE.** TRANSCRIÇÕES APÓCRIFAS. MERA IRREGULARIDADE. AUSÊNCIA DE EFETIVO PREJUÍZO. *PAS DE NULLITÉ SANS GRIEF.* OFENSA AO ART. 6º, § 2º, DA LEI Nº 9.296/96 E AO ART. 157 DO CPP. AUTO CIRCUNSTANCIADO. PRESCINDIBILIDADE. EXISTÊNCIA DE MEMORANDOS SUBSTITUTIVOS. PRINCÍPIO DA INSTRUMENTALIDADE DAS FORMAS. OFENSA AO ART. 619 DO CPP. OMISSÃO, CONTRADIÇÃO OU OBSCURIDADE. INEXISTÊNCIA. REDISCUSSÃO DO MÉRITO. IMPOSSIBILIDADE. ACÓRDÃO EM CONFORMIDADE COM A JURISPRUDÊNCIA DESTA CORTE. SÚMULA 83/STJ. DIVERGÊNCIA JURISPRUDENCIAL. ART. 255/RISTJ. INOBSERVÂNCIA. AGRAVO REGIMENTAL A QUE SE NEGA PROVIMENTO.
>
> 1. É prescindível a realização de perícia para a identificação das vozes, assim como não há necessidade de que a perícia ou mesmo a degravação da conversa sejam realizadas por peritos oficiais.
>
> 2. A ausência de assinatura nas mencionadas transcrições trata-se de mera irregularidade formal, que não tem o condão de ensejar a nulidade do referido procedimento, mormente quando corrigida em tempo hábil. (...)
>
> 5. Agravo regimental a que se nega provimento. (AgRg no AREsp 3.655/MS, Rel. Ministra MARIA THEREZA DE ASSIS MOURA, SEXTA TURMA, julgado em 31/05/2011, DJe 08/06/2011. Destaques acrescidos).
>
> PENAL E PROCESSO PENAL. RECURSO EM HABEAS CORPUS. 1. ORGANIZAÇÃO CRIMINOSA. LAVAGEM DE CAPITAIS. CRIME DE RESPONSABILIDADE DE PREFEITO (ART. 1º, I, DO DL 201/1967). NULIDADE DAS INTERCEPTAÇÕES TELEFÔNICAS. MATÉRIA NÃO EXAMINADA PELA CORTE LOCAL. SUPRESSÃO DE INSTÂNCIA. 2. PEDIDO DE PERÍCIA NAS MÍDIAS. INDEFERIMENTO MOTIVADO. ART. 400, § 1º, DO CPP. CERCEAMENTO DE DEFESA. NÃO VERI-

FICAÇÃO. 3. ALEGAÇÃO DE DEFEITOS OBJETIVOS. IRREGULARIDADES NÃO ESPECIFICADAS. NECESSIDADE DE PRÉVIA INSTRUÇÃO PROCESSUAL. 4. RECURSO CONHECIDO EM PARTE E, NESSA PARTE, IMPROVIDO. (...) 2. Como é cediço, o art. 400, § 1º, do CPP, autoriza o Magistrado a indeferir as provas que considerar irrelevantes, impertinentes ou protelatórias, uma vez que é ele o destinatário da prova. Dessa forma, o indeferimento fundamentado da prova requerida pela defesa não revela cerceamento de defesa, quando justificada sua desnecessidade para o deslinde da controvérsia. **Observa-se, portanto, que o pedido de perícia das mídias foi indeferido de forma motivada, uma vez que eventual ausência da cadeia de custódia da prova, existência de "repetição de chamadas para fundamentar reiteração da intercepção, interceptação indireta de autoridade com foro privilegiado" são, de fato, temas cuja relevância deverá ser analisada juridicamente, não sendo necessária perícia para sua aferição.** 3. O próprio recorrente afirma ter apresentado nos autos da ação penal originária laudo pericial confeccionado pela defesa, no qual são apontados defeitos objetivos. Portanto, cuidam-se de temas que devem ser previamente analisados em instrução processual, com o objetivo de se aferir se, de fato, existem pontos sensíveis não esclarecidos, em efetivo benefício ao recorrente, ou se se trata de mera alegação tumultuária da defesa. Indispensável que ficasse devidamente demonstrada a possibilidade concreta de adulteração e mesmo exclusão de arquivos e não "mera dificuldade de individualização dos períodos de grampo". De fato, nos termos do que registrou o Magistrado de origem, "a Defesa não aponta especificamente e de forma detalhada qual seria a irregularidade". Assim, não se observa ilegalidade no indeferimento da prova pericial requerida, porquanto devidamente justificada, de forma concreta, sua desnecessidade. 4. Recurso em habeas corpus parcialmente conhecido e, nessa parte, improvido. (STJ, RHC 92063/SP – Relator(a)Ministro REYNALDO SOARES DA FONSECA – QUINTA TURMA – Data do Julgamento: 15/03/2018, Data da Publicação/Fonte DJe 23/03/2018. Destaques acrescidos).

Fixado, portanto, marco distintivo entre perícia e análise, resta tratar quais são as bases dos procedimentos técnicos que devem ser observados no trabalho de análise em matéria de Computação Forense.

Ferramentas de computação forense, garantia física da cadeia de custódia, *hash* matemático e autenticidade de dados digitais

Fiel ao postulado de Edmond Locard ("todo contato deixa uma marca"), é certo que, em sendo um relatório técnico realizado a partir de uma metodologia arrimada em bases científicas, é de se ter todos os cuidados necessários com vista a seguir as etapas de preservação, aquisição, extração, análise e formalização, com o mínimo possível de intervenção nas evidências digitais.

Não existe, no entanto, base científica para se dizer que qualquer "toque" ou manipulação em uma evidência de informática inviabiliza a prova, de igual sorte que não é possível dizer que qualquer intervenção em um local de crime tradicional inviabiliza a perícia. Isso não necessariamente acontece, valendo relembrar que, no caso dos dispositivos de informática, temos um cenário auditável por metodologias de uma ciência exata.

A esse respeito, ensina Dorea, Quintela e Stumvoll (2006, p. 38):

> "É importante salientar que o perito não deve deixar de realizar o exame solicitado por falta de preservação ou qualquer outra alteração. Deve examiná-la da forma como o encontrou e ter o cuidado de registrar tudo em seu laudo.
>
> (...)
>
> O perito deve ter o cuidado de agir o mais tecnicamente possível, sem entrar no campo da fiscalização do trabalho de outros segmentos policiais. Cada um tem a sua responsabilidade no processo. Se o perito constatou que o local não foi preservado e isso trouxe consequências para o seu exame, deve simplesmente relatar em seu laudo como uma informação técnica."

Ora, equipamentos com o Cellebrite UFED, quando ligados a um *smartphone*, alteram um dado do equipamento, mas qual dado? O que constará na auditoria de *logs*? Evidente que haverá o *log* correspondente a tão somente esse fato (uso do Cellebrite UFED), em nada alterando a massa de conteúdo propriamente dito e de interesse probatório constante do bojo da evidência.

Por outras palavras, o caráter auditável da prova digital, seja por *logs*, seja pelos metadados, é que torna muito mais razoável a compreensão de que não há comprometimento algum na manipulação de evidências digitais para fins de análise, desde que sejam seguidos procedimentos operacionais padrão e metodologias adequadas.

Também a garantia da cadeia de custódia deve ser assegurada na fase física de arrecadação, com a respectiva documentação via termo de apreensão, ou documento equivalente, e até, se necessário, por excesso de zelo, filmagem do ato. Ainda podem ser usados lacres ou realizadas sessões de abertura de malotes, tudo devidamente documentado.

18 Extração forense avançada de dados em dispositivos móveis

Igualmente, para as fases do trabalho de TI propriamente dito, de aquisição, extração e análise, serão as próprias ferramentas de TI (por exemplo, ferramentas de bloqueio de escrita ou que produzam o *hash* matemático batido de arquivos ou de bancos de dados de provável valor probatório – um banco de dados do WhatsApp, por exemplo) que validarão cientificamente a prova.

Com as ferramentas adequadas é possível a aquisição das senhas, a extração e a análise de dados, sem prejudicar as evidências, gerando-se cópia no padrão forense, a partir de cuja imagem se viabiliza ao investigador a realização do trabalho de análise do conteúdo.

Logo, não é um "carimbo" ou o nome de laudo pericial oficial que valida a prova no âmbito da Computação Forense. Inexiste base, seja na TI, seja no Direito, para se ter como *res nullius* um relatório técnico metodologicamente elaborado por profissionais com formação na área, o qual deve ter o conteúdo avaliado pelo Juiz como meio inominado de prova, levando-se à produção probatória a necessária discussão multidisciplinar, sem prejuízo da perícia oficial, especialmente se houver impugnação fundamentada ao conteúdo da prova.

Veja-se que a defesa poderá requerer a perícia oficial, havendo fundamento para tanto, e eventualmente contratar assistentes técnicos e impugnar os relatórios técnicos de extração e análise, mas a discussão precisará ser científica, não baseada puramente na tese bacharelesca da absoluta presunção de legitimidade do perito oficial, que, enquanto agente público que é, como qualquer funcionário público, pratica atos administrativos com presunção *juris tantum* de veracidade.

O tema na jurisprudência

O tema do valor jurídico de documentos técnicos de análise diversos das perícias foi enfrentado, de forma exaustiva, pelo Supremo Tribunal Federal em julgamento do réu Paulo Salim Maluf nos autos da ação penal nº 863/SP, com relatoria do Min. Edson Fachin, em decisão da primeira Turma do dia 23/05/2017 (DJe-191 DIVULG 28-08-2017 PUBLIC 29-08-2017), assim ementada:

> PENAL E PROCESSUAL PENAL. AÇÃO PENAL ORIGINÁRIA. EX-PREFEITO MUNICIPAL. ATUAL DEPUTADO FEDERAL. DENÚNCIA. **ALEGAÇÃO DE NULI-DADE DO LAUDO PERICIAL. IMPROCEDÊNCIA. NATUREZA DA PROVA DA MATERIALIDADE DOCUMENTAL E NÃO PERICIAL.** AUSÊNCIA DE OPINIÃO TÉCNICA ESPECIALIZADA. PARCIAL EXTINÇÃO DA PUNIBILIDADE PELA PRESCRIÇÃO. CRIME DE LAVAGEM DE DINHEIRO. MODALIDADE OCULTAR.

NATUREZA PERMANENTE DO CRIME RECONHECIDA. PRESCRIÇÃO QUE NÃO TERIA OCORRIDO AINDA QUE O CRIME FOSSE INSTANTÂNEO DE EFEITOS PERMANENTES. IMPROCEDÊNCIA DA ALEGAÇÃO DE RETROATIVIDADE "IN MALAM PARTEM" DA LEI PENAL. ATOS DE LAVAGEM PRATICADOS QUANDO JÁ ESTAVA EM VIGOR A LEI 9.613/98 A DESPEITO DE O CRIME ANTECEDENTE TER SIDO PRATICADO ANTERIORMENTE. MATERIALIDADE, AUTORIA, TIPICIDADE OBJETIVA E SUBJETIVA PROVADAS. CONDENAÇÃO DECRETADA. **1. Materialidade delitiva provada pelos documentos juntados aos autos, os quais são compilados, descritos e organizados em outro documento que não ostenta a característica de prova pericial, por não conter opinião técnica especializada. Preliminar de nulidade da pretensa prova pericial improcedente.** (...) 6. Demonstrada a materialidade do crime antecedente de corrupção passiva, bem como a procedência dos valores lavados, além da materialidade, a autoria, a tipicidade objetiva e subjetiva do crime de lavagem de dinheiro, não havendo causas de exclusão da ilicitude e culpabilidade, a condenação é medida que se impõe. (Destaques acrescidos).

Do voto do Relator, Min. Edson Fachin, colhe-se que a controvérsia girou em torno de relatórios de análise bancária:

I – Preliminar.

Em preliminar, pretende o acusado o desentranhamento do "Parecer Técnico" que acompanha a denúncia e a conversão do feito em diligência para realização de perícia oficial pelo Instituto Nacional de Criminalística, sob a alegação de que referido parecer técnico não se presta como prova válida, a substituir o exame de corpo de delito a que se refere o art. 159 do Código de Processo Penal, o qual deve ser elaborado por perito oficial.

Sustenta que o "Parecer Técnico" em questão foi produzido unilateralmente pela parte acusadora, bem como que, em se tratando o crime imputado ao acusado de "infração que deixa vestígios", seria indispensável, para se ter por provada a materialidade delitiva, que a perícia sobre os documentos fosse realizada, obedecendo-se aos ditames dos §§ 1º e 2º, do art. 159 do CPP.

O "Parecer Técnico" encartado no apenso 120 não se confunde com uma prova pericial, de modo que são inaplicáveis à espécie, as disposições do art. 158 e seguintes do Código de Processo Penal.

(Destaque acrescido).

20 Extração forense avançada de dados em dispositivos móveis

Na mesma linha foi o voto do Ministro Luiz Fux:

> (...) **verifico que esse parecer técnico é exatamente isso a que se referiu o ilustre Relator, quer dizer, há um conjunto probatório que esse parecer técnico apenas organizou, como, por exemplo, nosso assessor, ele organiza um relatório antes do nosso voto** para que nós possamos depois abordarmos cada uma das questões.
>
> Em terceiro lugar, extremamente importante para o caso específico, é que, na Ação Penal nº 565, o Pleno do Supremo Tribunal Federal decidiu taxativamente que as conclusões do parecer interno elaborado no âmbito do Ministério Público Federal devem ser tomadas como elementos de prova. Cito só o item 6, transcrevo o acórdão que diz: "6. Laudos técnicos elaborados no curso de investigação preliminar não representam prova pericial, mas documental, constituída de forma unilateral pelo órgão acusatório e assim foi valorada, não incidindo," – nenhuma vedação – "no caso, o disposto no art. 280 c/c art. 254, inc. I, do Código de Processo Penal, aplicável às perícias," – em geral – "realizadas no curso da ação" (...). (AP 565, Tribunal Pleno, da relatoria da Ministra Cármen Lúcia).
>
> E, nessa linha que o eminente Relator fez encartar no seu voto, eu faço aqui uma distinção entre exame de corpo de delito e perícia para assentar que são coisas distintas e que, com relação à lavagem de dinheiro, esses documentos contábeis, esses documentos financeiros, esses documentos fiscais é que são suficientes para se chegar exatamente a uma conclusão.
>
> (...)
>
> **Por fim, é relevante observar que "perícia" e "exame de corpo de delito" são conceitos distintos. Aquela é gênero da qual este é espécie.**
>
> **O "exame de corpo de delito" somente é exigido quando o crime deixa vestígios materiais – que constituem o "corpo do delito", como por exemplo: o corpo da vítima lesionada ou assassinada, a obra plagiada, o documento com assinatura falsa, a coisa danificada, a droga transportada.**
>
> Daí porque, conforme assinala TOURINHO, "De todas as perícias que podem ser feitas, ressalta uma de excepcional importância, o exame de corpo de delito. [...] Esse exame pode ser direto ou indireto. Diz-se direto quando os próprios peritos examinam os vestígios deixados pelo crime, isto é, o corpo do delito, e respondem ao questionário que lhe formulam a autoridade e as partes. Às

vezes, por razões várias, os peritos não podem proceder ao exame, porquanto os vestígios desaparecem. Nesse caso, em face da absoluta impossibilidade de ser feito o exame direto, permite-se que a prova testemunhal possa suprir-lhe a falta" (TOURINHO FILHO, 2014, p. 602/603).

(...)

Portanto, o exame de corpo de delito somente é exigível nos delitos que deixam vestígios. Para os demais, a prova documental e testemunhal é suficiente para a demonstração da materialidade e autoria delitivas.

(...)

Com efeito, os registros de operações bancárias são meras provas documentais dessas operações, que conferem segurança à atividade financeira. Portanto, não se cuida de vestígio material da ação criminosa do agente – distinguindo--se, portanto, do "corpo de delito", que se identifica, por exemplo, quando é encontrado o objeto danificado ou falsificado pelo autor do crime, ou a pessoa por ele lesionada/assassinada, ou a coisa cuja posse ou porte seja proibido. Na lição de Tourinho Filho, "Uma injúria verbal, uma calúnia verbal, por exemplo, não deixa vestígios. Já o homicídio, o aborto, a lesão corporal, o arrombamento, o estupro, por exemplo, deixam-nos. E quando isso acontece, é preciso proceder ao exame do corpo de delito, que nada mais representa senão o conjunto dos vestígios materiais deixados pela infração: num crime de dano, os vestígios se reúnem na própria coisa danificada; num homicídio, são o próprio cadáver; num furto com arrombamento de janela, os vestígios estão na janela arrombada etc. E o exame que se procede nesses vestígios deixados pelos crimes é o que se denomina exame de corpo de delito" (TOURINHO FILHO, 2014, p. 603).

Conclui-se que os documentos fornecidos por instituições bancárias, que comprovam a existência de contas e movimentações de recursos de titularidade do réu, de suas empresas ou de seus familiares, não se confundem com os denominados "vestígios materiais" deixados pelo agir criminoso do acusado. Cuida-se de informações cujo registro é exigido por lei e que fazem parte da rotina de todos os operadores do Sistema Financeiro Nacional. Da mesma maneira, informações prestadas pela Receita Federal, em caso de suspeita de crime de sonegação fiscal, não são submetidas a exame de corpo de delito. Tais documentos contribuem para a descoberta de práticas criminosas e, facultativamente, podem ser submetidos às denominadas "outras perícias", distintas do denominado "exame de corpo de delito", e também voltadas ao esclarecimento do juízo.

22 Extração forense avançada de dados em dispositivos móveis

> Daí decorre a validade da análise da materialidade do delito, com esteio nos documentos juntados aos autos, mediante compartilhamento de autoridades estrangeiras e instituições financeiras, que constituem o conjunto probatório dos autos, inclusive independentemente de perícia. (Destaques acrescidos)

Por sua vez, o Superior Tribunal de Justiça, em igual lógica, possui diversos precedentes enfatizando o valor de outros documentos técnicos e refutando teses pelo caráter dogmático da exigência de perícia oficial.

Sobre o valor de relatórios técnicos de análise já se decidiu:

> PENAL E PROCESSO PENAL. AGRAVO REGIMENTAL. (...) PEDIDO GENÉRICO DE PERÍCIA. INDEFERIMENTO. CONCLUSÃO DE DILIGÊNCIAS APÓS O INTER-ROGATÓRIO. POSSIBILIDADE. (...) **O pedido genérico de prova pericial merece indeferimento, principalmente quando a denúncia vem acompanhada de fartos relatórios técnicos de análise.** (...) 11. Agravo regimental desprovido.
>
> (STJ, AgRg na APn 702/AP, AGRAVO REGIMENTAL NA AÇÃO PENAL 2011/0011824-7 – Relator(a) Ministro JOÃO OTÁVIO DE NORONHA – CORTE ESPECIAL – Data do Julgamento: 1º/06/2016 – Data da Publicação/FonteDJe 16/06/2016. Destaques acrescidos.)

Em matéria ambiental também há precedente quanto a relatórios técnicos realizados pelo IBAMA:

> HABEAS CORPUS. PENAL. CRIME AMBIENTAL. ALEGAÇÃO DE AUSÊNCIA DE JUSTA CAUSA. PERÍCIA NÃO ANEXADA À DENÚNCIA. EXORDIAL ACUSATÓ-RIA DEVIDAMENTE INSTRUÍDA. FALTA DE JUSTA CAUSA NÃO EVIDENCIADA. TERRENO DE MARINHA. BEM DA UNIÃO. COMPETÊNCIA. JUSTIÇA FEDERAL. ORDEM DENEGADA. (...) 2. A denúncia, segundo a própria impetração, anexou as diligências e relatórios elaborados pelo IBAMA, bem como a cópia integral de ação civil pública instaurada para apurar os danos ambientais causado à unidade de conservação em comento, em trâmite no Poder Judiciário do Estado do Rio de Janeiro. Não há falar, portanto, em falta de justa causa. 3. Apesar de o suposto crime ter ocorrido na Área de Proteção Ambiental de Tamoios, criada pelo Decreto nº 9.452, do Estado do Rio de Janeiro, de 05/12/1986, e administrada pela FEEMA – Fundação Estadual de Engenharia do Meio Ambien-te/RJ, **evidencia-se, do Laudo de Vistoria e Parecer Técnico elaborado pelo IBAMA, que a construção objeto de autuação pelo órgão ambiental consiste**

na ampliação de prédio residencial, cujas fundações exigiram a realização de aterro "feito a partir de muro de contenção de aproximadamente 16 metros de largura que avança sobre o mar na mesma linha de edificação já existente e a partir do qual estava sendo feito o aterro com a areia extraída do mar através de draga portátil". 4. O referido laudo "evidencia a possibilidade dos fatos em tela terem cenário na faixa dos terrenos de marinha, já que o muro de contenção chega a avançar sobre o mar, invadindo, em tese, a delimitação prevista no artigo 2º, alínea b, do Decreto-Lei nº 9.760/46". Assim, sendo inviável o afastamento do interesse da União na causa, resta, em princípio, evidenciada a competência da Justiça Federal. 5. Ordem denegada.

(STJ, HC 165931/RJ, Relator(a) Ministra LAURITA VAZ – QUINTA TURMA, Julgamento: 1º/03/2011 – Data da Publicação/FonteDJe 28/11/2011. Destaques acrescidos).

Em outro precedente importante, o STJ, no conflito entre um parecer técnico oriundo de Tribunal de Contas e uma perícia judicial, concluiu pelo melhor conteúdo do documento técnico:

PROCESSUAL CIVIL. ADMINISTRATIVO. IMPROBIDADE ADMINISTRATIVA. (...) 1. Na hipótese dos autos, o Tribunal de origem, ao decidir a *vexata quaestio*, consignou (fls. 567-574/e-STJ): "Iniciando a análise dos recursos pelo de Agenor Evangelista da Silva – pois, se acolhido, tornará prejudicado o apelo do Ministério Público –, penso que o mesmo deve ser provido em parte, apenas no que tange à graduação da pena de proibição de contratar com o Poder Público, visto que, no mais, a sentença recorrida não merece qualquer censura. (...) De igual modo, também não merece acolhida a alegação do apelante de que a sentença não poderia tê-lo condenado pela prática de atos de enriquecimento ilícito e lesão ao erário em razão da emissão dos cheques acima citados, **já que as perícias realizadas nos autos concluíram pela inexistência de dano aos cofres públicos e de concessão de vantagem a terceiros. Assim entendo, primeiro, porque referidas conclusões são totalmente contrárias às demais provas dos autos e, sobretudo, ao relatório técnico elaborado pelo Tribunal de Contas do Estado de Mato Grosso, que, vale dizer, é o órgão responsável, por meio de suas equipes técnicas e com o acompanhamento do Ministério Público, pela verificação da legalidade das despesas efetivadas pela municipalidade, da ocorrência de prejuízos aos cofres públicos, da prática de desvio de recursos em favor dos agentes ou de terceiros, da realização de aquisições ou alienações viciosas de bens, da existência de favorecimento**

24 Extração forense avançada de dados em dispositivos móveis

> de terceiros em detrimento do patrimônio público e, também, da omissão ou negligência do agente público. Segundo, por ser assente na doutrina e na jurisprudência pátrias que o juiz não fica jungido às conclusões da perícia realizada no processo, podendo formar seu convencimento com base em outras provas existentes nos autos. (...) Na hipótese dos autos nota-se que o acórdão vergastado está bem fundamentado e que o acolhimento da pretensão recursal demanda reexame do contexto fático-probatório, o que não se admite ante o óbice da Súmula 7/STJ. 3. Recurso Especial não conhecido.
>
> (STJ, REsp 1660392/MT – Relator(a) Ministro HERMAN BENJAMIN (1132) – SEGUNDA TURMA – Data do Julgamento: 18/05/2017 – Data da Publicação/ Fonte DJe: 20/06/2017. Destaques acrescidos).

A respeito especificamente dos relatórios de extração de dados em evidências digitais, também há precedentes na jurisprudência. Vejamos.

O Tribunal de Justiça do Acre enfrentou no Habeas Corpus nº 1000323-86.2020.8.01.0000 a questão da elaboração de documento técnico por servidor do Ministério Público, concluindo exatamente conforme exposto ao longo do presente trabalho:

> CONSTITUCIONAL. PENAL. PROCESSO PENAL. HABEAS CORPUS. ORGA-NIZAÇÃO CRIMINOSA. EMENDA À INICIAL APÓS INFORMAÇÕES DA AU-TORIDADE COATORA. VIABILIDADE. REPETIÇÃO DAS TESES TRAZIDAS NA IMPETRAÇÃO. ARGUIÇÃO DE NULIDADES. AFASTAMENTO. **APREENSÃO DE TELEFONE CELULAR NO INTERIOR DE ESTABELECIMENTO PRISIONAL. POSSIBILIDADE DE INVESTIGAÇÃO PELO *PARQUET*. LAUDO TÉCNICO NÃO SE EQUIPARA À PERÍCIA. A MATERIALIDADE DO DELITO EM APU-RAÇÃO NÃO REQUER EXAME PERICIAL PARA COMPROVAÇÃO. OFENSA A DISPOSITIVO LEGAL NÃO CONFIGURADA. PROVA LEGAL.**
>
> 1. Ainda que a emenda à impetração, formulada após apresentação das informações pela Autoridade Coatora, informe sobre suposta nova tese de nulidade, nota-se que esta se resume a reformular as mesmas teses e fundamentos já expostos na peça inicial.
>
> 2. **Afasta-se a alegação de nulidade da prova se esta foi obtida de forma legal, realizada por pessoa com capacidade técnica, e em conformidade com a legislação vigente.**

3. Habeas Corpus conhecido e denegado. (TJAC, HC 1000323-86.2020.8.01.0000, Câmara Criminal, Rel. Des. Elcio Mendes, julgado em 02/04/2002. Negrito acrescido.)

Nesse consubstanciado precedente do TJAC, dois pontos importantes do caso concreto foram avaliados: primeiro, **a desnecessidade de autorização judicial prévia em se tratando de uma apreensão de aparelho em estabelecimento penal, visto inexistir direito do preso a portar aparelho celular e muito menos privacidade na posse desse objeto ilícito**, e, segundo, **a regularidade da atuação do profissional do Ministério Público que elaborou os procedimentos de extração e respectivo documento contendo a descrição das técnicas utilizadas,** conforme se extrai em detalhes do voto do Relator:

> Alega o Impetrante que o Laudo Técnico para extração da mídia dos celulares apreendidos foi realizado de forma unilateral pelo Ministério Público, o que o torna ilícito.
>
> Acrescentou "NÃO EXISTE ATRIBUIÇÃO AO MINISTÉRIO PÚBLICO PARA AGIR DE FORMA MANDAMENTAL E EFETUAR DIRETAMENTE MANDADO DE QUEBRA DO SIGILO DE DADOS TELEFÔNICOS E PRODUÇÃO PERICIAL DE MANEIRA DIRETA. Atribuições estas competentes EXCLUSIVAMENTE à Magistratura" fl. 647.
>
> Em razão disso, pleiteia a concessão da ordem, reconhecendo-se por ilícito o mencionado Laudo Técnico e, consequentemente, as provas dele derivadas, com o trancamento da Ação Penal nº 0004169-62.2019.8.01.0001.
>
> Em que pese todo o alegado, o pleito não comporta deferimento.
>
> Explico.
>
> (...) É por demais sabido que os precedentes do Superior Tribunal de Justiça são no sentido de violação do princípio da privacidade quanto a dados obtidos, sem autorização judicial, de aparelhos celulares no momento da abordagem policial ou na cena do crime, ou seja, em hipóteses em que os suspeitos da conduta criminosa detinham, em tese, a posse legítima dos referidos aparelhos.
>
> A discussão ora colocada, todavia, **se refere à hipótese em que aparelho celular é encontrado dentro de estabelecimento prisional em explícita violação de norma jurídica que rege o processo de execução penal.**

Com efeito, a Lei de Execuções Penais[14] dispõe ser falta grave a entrada de aparelho telefônico em interior de Penitenciárias, logo, além de os celulares apreendidos serem, literalmente, produtos ilícitos, no momento da apreensão era desconhecida a propriedade dos objetos.

Ressalte-se que o art. 319-A do Código Penal pune, com pena de detenção de três meses a um ano, o Diretor de Penitenciária e/ou agente público que deixe 'de cumprir seu dever de vedar ao preso o acesso a aparelho telefônico, de rádio ou similar, que permita a comunicação com outros presos ou com o ambiente externo'.

Na mesma esteira, a Lei nº 12.012/2009 inseriu o art. 349-A no Código Penal, igualmente apenado com detenção, de três meses a um ano, quem ingressar, promover, intermediar, auxiliar ou facilitar a entrada de aparelho telefônico de comunicação móvel, de rádio ou similar, sem autorização legal, em estabelecimento prisional.

Não bastasse, com o advento da Lei nº 9.296/1996, quis o legislador assegurar o sigilo das comunicações telefônicas e de sistemas de informática e telemática, não abrangendo os dados registrados nos respectivos aparelhos.

(...) Portanto, comungo do entendimento firmado pelo ilustre Procurador de Justiça, Danilo Lovisaro do Nascimento, em seu parecer, o qual adotou, também, como razões de decidir às fls. 667/686:

"(...) Como é sabido, a Constituição Federal, no art. 5º, inciso XII, exige a reserva de jurisdição apenas naquele caso em que existam comunicações telefônicas. Este meio de obtenção de prova, inclusive, que é admitido apenas para fins de investigação criminal ou instrução em processo penal, está devidamente regulamentado pela Lei nº 9.296/96, cujo art. 1º, parágrafo único, não deixa interceptação do fluxo de comunicações em sistemas de informática e telemática. A interceptação das comunicações telefônicas e do fluxo de dados por via telemática, que deve ser expressamente autorizada pelo juiz, pressupõe que a captação dos dados ocorra contextualmente à transmissão desses dados pela internet.

---

[14] Art. 50. Comete falta grave o condenado à pena privativa de liberdade que:
(...)
VII – tiver em sua posse, utilizar ou fornecer aparelho telefônico, de rádio ou similar, que permita a comunicação com outros presos ou com o ambiente externo.

Como se pode observar, no caso desses autos, em nenhum momento houve interceptação de conversas por via telefônica ou interceptação de transmissão de fluxo de dados pela via telefônica ou telemática. O que ocorreu foi apenas a extração de dados, notadamente arquivos de áudios com a extensão OPUS, conversas do aplicativo WhatsApp, arquivos de imagem e arquivos de vídeo, que já estavam armazenados anteriormente na memória do dispositivo móvel celular apreendido.

Existe até tecnologia para interceptar o fluxo de dados transmitidos por via telemática, conhecida como captador informático ou *trojan* de Estado, que basicamente consiste em um *malware* que é inoculado no sistema operacional do dispositivo alvo em relação ao qual se pretende fazer a interceptação dos dados e de todos os conteúdos armazenados no dispositivo informático.

Este, evidentemente, não é o caso trazido à discussão perante esta Corte, portanto entendemos inapropriada qualquer equiparação da extração de dados arquivados no dispositivo móvel celular a uma eventual interceptação de comunicações telefônica ou de fluxo de dados transmitidos por meio da via telemática.

A única conclusão que se pode extrair do caso *sub examen* é que não se tratando de interceptação estamos diante de uma prova atípica que poderia apenas ser equiparada, de uma forma geral, a uma prova documental. E, se assim é, já que os dados informáticos armazenados no aparelho telefônico móvel podem ser equiparados, a partir de uma interpretação evolutiva do art. 232 do Código de Processo Penal, a documentos, não seria sequer necessária a autorização judicial para a extração desses dados, pois o laudo técnico apenas adquiriu os elementos estáticos conservados na memória do aparelho celular.

Conforme se extrai dos autos nº 0004169-62.2019.8.01.0001, a Coordenadora de Inteligência do Instituto de Administração Penitenciária do Estado do Acre (IAPEN/AC) encaminhou 5 (cinco) aparelhos telefônicos que foram apreendidos no Pavilhão A, da Unidade de Regime Provisório de Rio Branco (URP/RB), no dia 26/07/2018, para o Ministério Público do Estado do Acre para Análise.

Nesse diapasão, analisando-se os autos, não há que se falar em prova ilícita, pois, conforme consta nos autos, o acesso aos celulares se deu após serem devidamente apreendidos no Pavilhão A da URP/RB, passando a integrar a prova carreada aos autos.

Sobre o tema, cumpre registrar que o art. 50, inciso VII, da Lei nº 7.210/1984 dispõe que comete falta grave o condenado à pena privativa de liberdade que tiver em sua posse, utilizar ou fornecer aparelho telefônico, de rádio ou similar, que permita a comunicação com outros presos ou com o ambiente externo.

É pertinente consignar, ainda, que o art. 349-A, do Código Penal, prevê a pena de detenção, de 03 (três) meses a 01 (um) ano, para as condutas de ingressar, promover, intermediar, auxiliar ou facilitar a entrada de aparelho telefônico de comunicação móvel, de rádio ou similar, sem autorização legal, em estabelecimento prisional.

Nesse cenário, não há notícia de que a apreensão tenha sido eventualmente forçada pelos policiais penais, tampouco de que o ato tenha sido realizado de forma vexatória, humilhante ou constrangedora.

(...) A extração dos dados contidos nos celulares legalmente apreendidos é apenas uma consequência da determinação legal, vez que os órgãos de investigação têm o dever de conservar a prova. Em decorrência desta necessidade, nada mais justo e apropriado do que a extração de cópia integral dos dados informáticos armazenados na memória do aparelho, como forma de proteger a integridade e originalidade da prova adquirida. Como se trata de dados estáticos, ou seja, mensagens e arquivos já enviados e recebidos por meio de aplicativos ou outros dados digitais arquivados na memória do dispositivo informático, não há o menor risco de que estejamos diante de uma interceptação de fluxo de dados. Sendo assim, era até dispensável a autorização judicial para o fim de investigação criminal.

A Lei do Marco Civil da Internet, em que pese estatuir no art. 7º, inciso III, que o acesso às comunicações privadas armazenadas em dispositivos depende de ordem judicial, não está tratando efetivamente de investigação criminal ou de prova em instrução processual penal. A citada lei tem por escopo assegurar às pessoas em geral que, sem ordem do juiz, outras pessoas, órgãos privados ou estatais, provedores etc. não poderão acessar indevidamente os dados armazenados nos dispositivos informáticos. Isso não significa, entretanto, que, uma vez que um dispositivo móvel celular tenha sido apreendido na cena do crime, durante uma prisão em flagrante, ou por exemplo em uma busca e apreensão domiciliar devidamente autorizada, o conteúdo já armazenado neste dispositivo não possa ser devassado para fins de investigação.

Ora, apenas por hipótese, se um computador foi apreendido por ordem do juiz, o que está contido dentro deste computador é documento digital e o seu acesso está autorizado em decorrência da própria determinação judicial que mandou apreendê-lo. Caso contrário, a decisão seria totalmente inócua, ou seja, apreender-se-ia um computador cuja análise do conteúdo não seria autorizada. O mesmo raciocínio pode ser feito para o aparelho móvel celular que é aprendido no curso de uma prisão em flagrante ou no cumprimento de uma ordem de prisão, já que a lei determina à autoridade policial a apreensão desse objeto relacionado ao crime.

Em matéria de ilicitude da prova seria necessário que o magistrado, para inadmitir os dados que foram extraídos do celular, como premissa estabelecesse no seu pronunciamento que a apreensão do celular onde estavam contidos esses dados foi ilegal. Em nenhum momento o impetrante questiona a legalidade da apreensão.

Deveras, ao aplicar a doutrina dos frutos da árvore envenenada e asseverar que a prova extraída da memória do celular é ilícita e que tudo que dali decorre seria igualmente ilícito por derivação, como antecedente lógico seria indispensável o reconhecimento da ilegalidade da apreensão. É contraditório reconhecer a legalidade da apreensão e vedar o acesso dos dados armazenados no dispositivo, pois, repita-se, não estamos tratando de interceptação de dados (...)."

Diante do exposto, impossível falar em ilicitude das provas, pois as provas extraídas dos telefones celulares apreendidos pelos Policiais Penais não foram obtidas ilicitamente.

Corretíssima a conclusão do acórdão, visto que de fato é indefensável a tese da legitimidade da posse do celular pelo preso. Logo, não há o direito à intimidade respectivo quanto ao conteúdo do aparelho.

Ademais, em que pese não ser o objeto específico do presente trabalho, é de se compreender que, mesmo ciente de que o viés jurisprudencial[15] nesse momento é de consolidação no sentido de que toda apreensão de celular demanda prévia autorização judicial para análise do conteúdo – sendo prudente, assim, sempre que possível, providenciar-se o respectivo pedido –, é fato que tal regra precisa admitir exceções diante de situações certas concretas onde o conflito entre os bens jurídicos em jogo justifique, além, naturalmente, dos casos em que o investigado, vítima ou testemunha proprietária do aparelho deu consentimento para acesso ao dispositivo.

---

[15] RHC 76.324/DF, Rel. Ministra MARIA THEREZA DE ASSIS MOURA, SEXTA TURMA, julgado em 14/02/2017, DJe 22/02/2017 e AgRg no HC 567.668/SC, Rel. Ministro FELIX FISCHER, QUINTA TURMA, julgado em 06/10/2020, DJe 20/10/2020.

30 Extração forense avançada de dados em dispositivos móveis

Nessas condições, tendo-se em conta ainda que o Supremo Tribunal Federal adota o princípio da proporcionalidade (*Verhältnismassigkeitsprinzip*) na interpretação dos direitos fundamentais, entendendo que não existem garantias constitucionais absolutas, não podendo estas ser utilizadas como salvaguarda para amparar práticas ilícitas[16], é de se compreender que a apreensão de dispositivos de mídias ou aparelhos de tecnologia da informação com armazenamento de dados será analisada pelos investigadores após decisão judicial autorizativa, salvo:

I.   se a apreensão já ocorrer em razão de cumprimento de mandado de busca e apreensão expedido para o próprio fim de instruir investigação, o que evidencia logicamente o objetivo de pesquisa inerente à medida;

II. se o dispositivo for apreendido no interior de estabelecimento do sistema penitenciário, notadamente quando não se saiba quem é o usuário;

III. na hipótese de prisão em flagrante em que as circunstâncias apontem se tratar o dispositivo apreendido provável produto de crime, hipótese em que os investigadores devem direcionar a análise à identificação da vítima proprietária do aparelho, sem prejuízo de encontro fortuito de prova;

IV. na hipótese de perseguição policial após crime na qual o aparelho é descartado pelos suspeitos em fuga;

V.   quando o aparelho for produto de furto, roubo ou outro crime e, mesmo estando de posse do investigado, a vítima legítima proprietária autorizar o acesso;

VI. quando, em investigação de homicídio ou de outro crime no qual a vítima já tenha falecido, a família autorizar o acesso ao aparelho da própria vítima;

VII. quando houver situação urgente para salvaguarda da vida, da liberdade, do patrimônio ou de outros direitos individuais ou coletivos, e o acesso imediato ao dispositivo seja imprescindível.

Voltando ao estudo do acórdão do TJAC citado, é igualmente detalhado no voto do Relator a questão da regularidade do trabalho dos servidores do Ministério Público em realizar procedimentos técnicos de extração de dados e que isso não se confunde com perícia:

---

[16] Nesse sentido: STF, HC 74.678, DJ de 15/08/97 e HC 75.261, sessão de 24/06/1997, ambos da 1ª Turma, e STF, RE 212.081-2/RO – Rel. Min. Octávio Gallotti, DJ de 27.03.1998, p. 28. No mesmo sentido: STF – 1ª Turma – HC nº 74.678/SP – Rel. Min. Moreira Alves, DJ 15.08.1997. RHC 132115, Relator(a): DIAS TOFFOLI, Segunda Turma, julgado em 06/02/2018, PROCESSO ELETRÔNICO DJe-223 DIVULG 18-10-2018 PUBLIC 19-10-2018).

Argumenta o Impetrante, ainda, que a Perícia Técnica deve obrigatoriamente obedecer ao disposto na Súmula nº 361 do STF e art. 159, § 1º, do CPP, o que não foi respeitado, *in casu*.

Assim, não possuindo o servidor do *Parquet* especialização técnica, torna-se inválida a Perícia.

Razão não lhe assiste.

Assim como a tese anterior, esta também já fora apreciada pelo Juízo Singular – fl. 4.143 dos autos principais:

"Em relação a preliminar de nulidade pela perícia realizada em ofensa ao disposto na Súmula 361, do STF e no art. 159, § 1º, do CPP, já que o laudo técnico foi feito apenas por "um profissional", que não seria perito oficial, não merece ser acolhida.

Corroborando com o entendimento dos representantes do Ministério Público, os relatórios técnicos de extração e de análise, ou similares, produzidos na área de Computação Forense não se confundem com perícias, tratando-se tão somente da descrição pormenorizada dos procedimentos técnicos adotados para se conseguir acesso a um dispositivo de informática e o detalhamento do seu conteúdo.

Da preliminar de nulidade pela falta de capacitação técnica para realização de laudos técnicos dos celulares apreendidos do servidor do Ministério Público Edelmar Ferreira da Silva, a mesma não merece prosperar, uma vez que, como afirmado pelos representantes do Ministério Público, na data de análise do conteúdo do aparelho telefônico que instruiu os autos, o referido servidor estava devidamente habilitado a realizar o trabalho, com a devida Certificação *Data Security Forensics Examiner*." – destaquei.

Dispõem respectivamente o art. 159, § 1º, do Código de Processo Penal e a Súmula nº 361 do Supremo Tribunal Federal:

"Art. 159. O exame de corpo de delito e outras perícias serão realizados por perito oficial, portador de diploma de curso superior.

§ 1º Na falta de perito oficial, o exame será realizado por 2 (duas) pessoas idôneas, portadoras de diploma de curso superior preferencialmente na área específica, dentre as que tiverem habilitação técnica relacionada com a natureza do exame."

"Súmula 361: No processo penal, é nulo o exame realizado por um só perito, considerando-se impedido o que tiver funcionado, anteriormente, na diligência de apreensão."

(...) Instado a se manifestar acerca das nulidades apontadas pela defesa, o Ministério Público com atuação no Primeiro Grau amplamente demonstrou tanto a validade do "Relatório Técnico" confeccionado por servidor do NAT/MP (Núcleo de Apoio Técnico) como também a devida qualificação e certificação para o desempenho da atividade forense pelo servidor daquele órgão.

Senão vejamos – fls. 4.105/4.112 dos autos nº 0004169-62.2019.8.01.0001:

"Ministério Público do Estado do Acre dispõe de aparelho apto a desbloquear celulares e acessar os seus dados, o qual se trata do UFED Touch 2, fabricado pela empresa israelense Cellebrite, e adquirido por este órgão ministerial no ano de 2017, operado pelo Coordenador de Tecnologia da Informação e Laboratório Forense Computacional, o qual possui Certificação *Data Security Forensics Examiner*.

Nota-se que, com as ferramentas adequadas e a capacitação para tanto, é possível ao servidor público o desbloqueio de senhas, a extração e a análise de dados, sem prejudicar as evidências, gerando-se cópia no padrão forense, a partir de cuja imagem se viabilizará ao investigador a realização do trabalho de análise do conteúdo.

Logo, não é um "carimbo" ou o nome de laudo pericial oficial que valida a prova no âmbito da Computação Forense, inexistindo base, seja na TI, seja no Direito, para se ter como *res nullius* um relatório técnico metodologicamente elaborado por profissionais com formação na área, o qual deve ter o conteúdo avaliado pelo Juiz.

Veja-se que a defesa poderá eventualmente contratar assistentes técnicos e impugnar os relatórios técnicos de extração e análise, mas a discussão precisará ser científica, não baseada puramente na tese da absoluta presunção de legitimidade do perito oficial.

Assim, os relatórios técnicos de extração e de análise, ou similares, produzidos na área de Computação Forense, não se confundem com perícias, nem *ad hoc*, nem oficiais, tratando-se tão somente da descrição pormenorizada dos procedimentos técnicos adotados para se conseguir acesso a um dispositivo de informática (aquisição e extração) e o detalhamento do seu conteúdo (análise).

Contudo, mesmo não se tratando de prova de natureza pericial e sim documental, uma vez garantindo-se a cadeia de custódia e observados procedimentos operacionais padrão, o valor jurídico de tais relatórios deve ser dado pelo Judiciário à luz do princípio da liberdade dos meios de prova e da inexistência de hierarquia entre eles.

(...) Em verdade, Edelmar exerce o cargo de Coordenador de Tecnologia da Informação e Laboratório Forense Computacional do Núcleo de Apoio Técnico do Ministério Público do Estado do Acre, e realizou o Curso Forense Computacional, ofertados pela empresa Data Security Serviços em Segurança de dados em Informática Ltda., nos anos de 2013 e 2018 (...).

(...) Dessa forma, na data da análise do conteúdo do aparelho telefônico que instrui os autos Edelmar estava devidamente habilidade a realizar o trabalho, com a Certificação *Data Security Forensics Examiner*." – destaquei.

Acrescentou, ainda, "o Ministério Público tem poder de investigação sem restrição alguma dentro do ordenamento jurídico, já que no julgamento do Recurso Extraordinário (RE) 593727 o Supremo Tribunal Federal não faz limitação à atuação do Ministério Público para produção de provas" – fl. 4.112. (destaquei)

(...) De importante valia foi a ponderação exarada pelo Procurador de Justiça, Danilo Lovisaro do Nascimento, em seu parecer – fls. 684/686:

"*In primis*, é importante deixar desde logo consignado que o impetrante pretende conferir ao laudo técnico apresentado pelo funcionário do Ministério Público o status de uma verdadeira perícia. Isto, no entanto, a nosso ver e com todas as vênias, é uma deturpação da realidade dos fatos.

O documento impugnado pelo impetrante, qual seja, o laudo técnico de análise forense de fls. 61/72, firmado pelo Coordenador de Tecnologia da Informação e Laboratório Forense Computacional do Núcleo de Apoio Técnico do Ministério Público, em nenhum momento pode se equiparar a uma perícia.

Os artigos 158 a 184 do Código de Processo Penal tratam das perícias em geral e do exame de corpo de delito, que é uma espécie de perícia.

Deveras, o exame de corpo de delito é a perícia realizada para provar a materialidade nos crimes que sempre deixam vestígios, ou seja, nos *delicta facti permanentis*.

A regra insculpida no art. 159 do Código de Processo Penal, que exige pelo menos 1 (um) perito oficial para assinar a perícia, se aplica ao exame de corpo de delito e a outras perícias que sejam determinadas pelo Delegado de Polícia no curso da investigação ou pelo juiz no processo. Excepcionalmente, na ausência de um perito oficial, a autoridade pode nomear, nos termos do § 1º, do artigo citado, "2 (duas) pessoas idôneas, portadoras de diploma de curso superior preferencialmente na área específica, dentre as que tiverem habilitação técnica – relacionada com a natureza do exame". Mas, ainda sim, estamos sempre tratando de perícia, o que não é nem de longe o caso destes autos.

Com efeito, os arquivos digitais armazenados na memória interna de um dispositivo informático se equiparam, em especial no caso dos autos, à prova da categoria documental.

(...) Assim, pretender que um laudo firmado pelo técnico do Ministério Público equivalha a uma perícia é algo que nem mesmo o Ministério Público jamais almejou. O documento técnico de *quo* apenas revela os conteúdos dos arquivos que existiam na memória do celular. Fazendo uma comparação grotesca, é como se dentro de um cofre existissem diversos documentos que incriminam alguém. O Ministério Público, após abrir este cofre, tem acesso aos documentos e os descreve, minudentemente, revelando as ligações comprometedoras entre as pessoas que assinam esses documentos.

Caso a defesa discorde do que está consignado no documento técnico feito pelo Ministério Público, deve impugná-lo para demonstrar que se fez alguma interpretação equivocada do conteúdo revelado, mas não cabe equiparar o documento técnico a uma perícia. É apenas um documento técnico e nada mais, embora seja um documento importante dado o conteúdo revelado.

Os arquivos digitais são provas documentais apreendidas e reveladas através do documento técnico contra o qual a defesa se insurge. Caso não concorde com o que está dito no documento técnico acerca do conteúdo dos arquivos revelados, basta impugnar no ponto de discordância e o julgador, ao examinar o documento digital, sob o crivo do contraditório, formará a sua convicção."

Desse modo, entendo que não merece prosperar a alegação de nulidade posta pela defesa, vez que o documento elaborado pelo servidor do *Parquet* não se trata de Exame pericial, mas sim de Relatório que poderá ser utilizado como documento probatório nos autos, assim, voto pela rejeição da nulidade.

(...) Por fim, entende o Impetrante que todas as provas e documentos obtidos após a juntada do Laudo Pericial, confeccionado por profissional não capacitado, sejam consideradas nulas, conforme teoria dos frutos da árvore envenenada.

Mais uma vez, sem razão.

Conforme amplamente exposto aos alhures, o Documento – Relatório Técnico – foi elaborado por pessoa com qualificação para fazê-lo, bem como não houve qualquer ilegalidade na apreensão dos aparelhos celulares, eis que aqueles foram encontrados dentro da cela da penitenciária, em total desacordo com a legislação vigente.

Acerca da alegada nulidade, consignou o Juízo a *quo* – fl. 4.143:

"No tocante à suposta ilegalidade e consequente declaração de nulidade das investigações e provas coletadas à luz da teoria dos frutos da árvore envenenada, tem-se que todas as provas angariadas no decorrer das investigações foram produzidas em conformidade com a legislação em vigor, não havendo nulidade direta ou por derivação."

Acerca da legalidade das provas, transcrevo a seguir trecho do parecer do Procurador de Justiça, Danilo Lovisaro do Nascimento, o qual adoto, também, como razões de decidir – fls. 667/686:

"Em matéria de ilicitude da prova seria necessário que o magistrado, para inadmitir os dados que foram extraídos do celular, como premissa estabelecesse no seu pronunciamento que a apreensão do celular onde estavam contidos esses dados foi ilegal. Em nenhum momento o impetrante questiona a legalidade da apreensão.

Deveras, ao aplicar a doutrina dos frutos da árvore envenenada e asseverar que a prova extraída da memória do celular é ilícita e que tudo que dali decorre seria igualmente ilícito por derivação, como antecedente lógico seria indispensável o reconhecimento da ilegalidade da apreensão. É contraditório reconhecer a legalidade da apreensão e vedar o acesso dos dados armazenados no dispositivo, pois, repita-se, não estamos tratando de interceptação de dados.

Desta feita, se a apreensão do objeto se deu de forma legal, a fortiori a extração dos dados também é legal.

O Código de Processo Penal, no art. 157, *caput*, assevera que: "são inadmissíveis, devendo ser desentranhadas do processo, as provas ilícitas, assim entendidas as obtidas em violação a normas constitucionais ou legais".

No caso dos presentes autos não há como se falar em prova obtida com violação à Constituição ou à lei, visto que, como restou demonstrado, a apreensão do celular foi legal e a extração dos dados informáticos memorizados se equipara à prova documental, ou seja, a uma cópia forense, cujo objetivo é proteger a integridade e a originalidade do dado adquirido.

(...) Valendo-se, portanto, do direito comparado como elemento de reforço argumentativo, estamos convencidos de que a decisão atacada, ao invalidar a prova decorrente da extração dos dados armazenados no celular apreendido, incorreu em erro e, por esta razão, deve ser afastada por esta Colenda Câmara para que seja reconhecida a devida licitude da prova e autorizada a sua inclusão na investigação e no eventual processo.

Posto tudo isso, não restando evidenciada, de plano, qualquer ilicitude na obtenção da prova, não deve ser trancada a ação penal." – destaquei.

Logo, não se verifica, *in casu*, qualquer ilegalidade a ser sanada nesta via recursal que esteja cerceando o direito de ir e vir do Paciente.

Posto isso, voto pela denegação da ordem.

Em um outro precedente, o Superior Tribunal de Justiça enfrentou a questão da elaboração de relatórios técnicos em evidências tecnológicas de armazenamentos de dados a partir de procedimentos feitos por policiais, concluindo pela inexistência de irregularidade:

AGRAVO REGIMENTAL NO RECURSO ORDINÁRIO EM HABEAS CORPUS. TRÁFICO DE DROGAS. NULIDADE. ALEGAÇÃO DE QUEBRA DA CADEIA DE CUSTÓDIA DA PROVA. NECESSIDADE DE EXAME APROFUNDADO DAS PROVAS. PREJUÍZO NÃO DEMONSTRADO. AGRAVO REGIMENTAL IMPROVIDO.

(...) 3. A defesa não conseguiu demonstrar de que maneira teria ocorrido a quebra de cadeia de custódia da prova e a consequente mácula que demandaria a exclusão dos dados obtidos dos autos do processo criminal. Assim, não é possível reconhecer o vício, pois, a teor do art. 563 do Código de Processo Penal, mesmo os vícios capazes de ensejar nulidade absoluta não dispensam a demonstração de efetivo prejuízo, em atenção ao princípio do *pas de nullité sans grief*.

4. Agravo regimental não provido.

(AgRg no RHC 153.823/RS, Rel. Ministro REYNALDO SOARES DA FONSECA, QUINTA TURMA, julgado em 28/09/2021, DJe 04/10/2021)

Colhe-se do voto do Relator:

> O recurso ordinário trouxe a alegação de nulidade das provas que sustentam a ação penal, pois o acesso aos dados contidos no aparelho de telefonia celular do recorrente **foi realizado por agentes sem especialização em tecnologia**, o que resultou na quebra da cadeia de custódia da prova. Além disso, não foi realizado o espelhamento dos dados contidos no aparelho, mas apenas foram obtidas reproduções fotográficas (*prints*) das conversas trocadas por meio do aplicativo de troca instantânea de mensagens chamado WhatsApp.

> (...) O pedido de nulidade se sustenta na alegada quebra da cadeia de custódia das provas obtidas a partir do exame do aparelho de telefonia celular do recorrente. A alegação se sustenta no fato de que o material apreendido não teria sido examinado por meio de software específico, viciando as evidências extraídas dos aparelhos em razão da quebra de custódia.

> (...) Segue a Corte afirmando que a alegação de que não foram usados métodos adequados para extrair dados dos aparelhos celulares não é suficiente para nulificar a prova, tendo em vista que não há qualquer indício de adulteração ou avarias no material probatório.

> De mais a mais, não há notícia de pedido de perícia por parte da defesa em momento oportuno, levantando a tese de quebra de cadeia de custódia apenas em sede de habeas corpus (e-STJ, fl. 136).

> Além de não ser possível se constatar, os argumentos defensivos não se mostram suficientes para demonstrar de que maneira teria ocorrido a quebra de cadeia de custódia da prova e a consequente mácula que demandaria a exclusão dos dados obtidos dos autos do processo criminal.

> Por isso, não é viável o reconhecimento do vício indicado, pois, a teor do art. 563 do Código de Processo Penal, mesmo os vícios capazes de ensejar nulidade absoluta não dispensam a demonstração de efetivo prejuízo, em atenção ao princípio do *pas de nullité sans grief*.

> (...) Ante o exposto, nego provimento ao agravo regimental.

Portanto, todo o raciocínio do presente estudo se encontra lastreado em sólidos argumentos lógicos, em vasta doutrina e em precedentes jurisprudenciais.

Conclusões

Por tudo quanto exposto, conclui-se:

a) em razão de hábitos e usos sociais contemporâneos, cada vez mais evidências são armazenadas em meio digital, que têm ontologicamente natureza de prova documental;

b) no processo penal brasileiro não há exigência de perícias para fins de coleta ou de análise de evidências (documentos físicos ou digitais), até mesmo diante da missão precípua de uma perícia, que não se confunde com o trabalho de análise documental ou jurídica e por não necessitar o estudo do conteúdo de documentos por *experts*;

c) os relatórios técnicos de extração e análise, ou similares, produzidos por profissionais utilizando técnicas e ferramentas de Computação Forense, não se confundem com perícias, nem *ad hoc*, nem oficiais, tratando-se tão somente da descrição pormenorizada dos procedimentos técnicos adotados para se conseguir acesso a um dispositivo de informática (aquisição e extração) e o detalhamento e disponibilização do seu conteúdo (análise);

d) mesmo não se tratando os relatórios referidos no item "c" de prova de natureza pericial e sim documental, uma vez garantindo-se a cadeia de custódia e observados procedimentos operacionais padrão, o valor jurídico de tais relatórios deve ser dado pelo Judiciário à luz do princípio da liberdade dos meios de prova e da inexistência de hierarquia entre eles, sem prejuízo de eventual impugnação que leve à discussão científica sobre os dados coletados e a metodologia empregada com vista a enfrentar eventual alegação de fraude probatória.

2. Modelo de pedido de extração avançada de dados em dispositivos móveis ao Poder Judiciário

EXCELENTÍSSIMO SENHOR JUIZ DE DIREITO DA XXª VARA CRIMINAL DA COMARCA DE XXXXX, ESTADO XXXXX.

Ref.: Ação penal nº xxxxxxxxxxxxxxx

O Ministério Público do Estado do XXXXXXX, por seu Promotor de Justiça ao final assinado, vem solicitar autorização para emprego de técnicas avançadas de extração para busca de dados nos aparelhos celulares apreendidos nestes autos, pelos demais motivos a seguir expostos:

Tratam-se os autos de... [RELATAR OS FATOS].

Como se sabe, apesar de inexistir regulamentação legal específica, há jurisprudência com viés de consolidação no sentido de que o próprio acesso ao conteúdo de aparelhos celulares apreendidos em investigações criminais depende de autorização judicial prévia (nesse sentido: RHC 76.324/DF, Rel. Ministra MARIA THEREZA DE ASSIS MOURA, SEXTA TURMA, julgado em 14/02/2017, DJe 22/02/2017 e AgRg no HC 567.668/SC, Rel. Ministro FELIX FISCHER, QUINTA TURMA, julgado em 06/10/2020, DJe 20/10/2020).

O ponto ora tratado, todavia, é diverso. A autorização já foi proferida previamente nestes autos, porém não houve disponibilização voluntária de senha, nem foi possível à equipe de profissionais de tecnologia da informação, usando os meios disponíveis, conseguir realizar a aquisição da senha, ou explorar vulnerabilidades e consequente-

40 Extração forense avançada de dados em dispositivos móveis

mente transpor as barreiras de segurança da informação para ter acesso aos dados dos aparelhos, fazendo cópia no padrão forense[17].

O meio padrão de extração, que não causa dano ao aparelho, vale-se sobretudo de ferramentas proprietárias, especialmente daquelas desenvolvidas pela empresa israelense Cellebrite, a qual fornece vários níveis de pacotes, sendo que nenhuma Instituição no Estado XXXX possui o pacote *premium* que garante extração de qualquer modelo (ou não há orçamento disponível no momento para pagamento dos créditos), apenas pacotes intermediários.

Isso geralmente ocorre por particularidades do sistema operacional, modelo, senha forte ou outros elementos dificultadores. Porém, pelo tipo de aparelho, conforme atesta a informação técnica em anexo[18], é provável que outro procedimento permita acesso aos dados, qual seja, o emprego de técnicas avançadas de extração, denominadas *chip-off*, JTAG ou *flashing box*[19].

A *vexata quaestio* é que tais métodos necessariamente causam dano físico ou lógico ao aparelho, por necessitarem desmonte físico dos hardwares, e não garantem êxito de 100% na busca de dados.

Fazendo-se uma analogia, é como se o Juiz autorizasse o arrombamento da porta de uma casa em uma busca e apreensão convencional, na hipótese de não ser aberta voluntariamente, o que, aliás, é natural e regular na busca em ambiente presencial, havendo inclusive previsão legal expressa[20], porém, é uma hipótese que não sejam

---

[17] COMENTÁRIO: o pedido pode ser prévio, como em uma cautelar de busca e apreensão preparatória, na qual se recomenda já constar pleito de autorização para extração ampla aos aparelhos, inclusive com uso de métodos avançados, ou posterior, como normalmente o será quando derivado de prisão em flagrante. No exemplo ora tratado, houve um pedido anterior regular de autorização judicial de acesso aos dados armazenados. Não logrando êxito na aquisição dos dados por meio da extração padrão, é feito o pedido de extração avançada.

[18] COMENTÁRIO: recomenda-se juntar relatório ou informação técnica explicando sucintamente as possibilidades de êxito e por que se sugere a extração avançada ao caso concreto, considerando os tipos de aparelho etc.

[19] Método de reparo de aparelhos celulares por meio de alterações no sistema operacional, também utilizado no meio forense para fins de quebra de barreiras de criptografia e ou para implementar poderes de *root*.

[20] Código de Processo Penal: "Art. 245. As buscas domiciliares serão executadas de dia, salvo se o morador consentir que se realizem à noite, e, antes de penetrarem na casa, os executores mostrarão e lerão o mandado ao morador, ou a quem o represente, intimando-o, em seguida, a abrir a porta. (...)
§ 2º Em caso de desobediência, será arrombada a porta e forçada a entrada.
§ 3º Recalcitrando o morador, será permitido o emprego de força contra coisas existentes no interior da casa, para o descobrimento do que se procura." (Destaque acrescido)

Modelo de pedido de extração avançada de dados em dispositivos móveis ao Poder Judiciário **41**

encontrados dados relevantes à investigação, bem como, no caso da evidência tecnológica, o próprio acesso pode terminar por não se viabilizar, não havendo, em tese, garantia plena do êxito dos trabalhos nesse sentido.

Assim sendo, considerando que não houve êxito na tentativa de extração de dados pelo método padrão, por outro lado, tendo em conta que cabe ao Juiz deliberar, inclusive ao final sobre devolução ou outra destinação aos aparelhos, conforme art. 118 do Código de Processo Penal, tem-se *ad cautelam* que é necessária a autorização ora requerida, justificada pelo interesse público na busca da verdade real, de modo que o pedido tem plena proporcionalidade.

À vista do exposto, requer-se a Vossa Excelência AUTORIZAÇÃO PARA EMPREGO DE TÉCNICAS AVANÇADAS DE EXTRAÇÃO, tais como *chip-off*, JTAG ou *flashing box*, ou alguma outra que se mostre adequada, ou venha a ser desenvolvida conforme estado da arte da ciência da segurança em tecnologia da informação, autorizando-se inclusive eventual dano físico ao aparelho.

Nestes termos, pede deferimento.

Xxxxx/XX, em XX de xxxxxx de 20xx.

_____

Promotor de Justiça

3. O QUE É E COMO SE OPERAM OS MÉTODOS CLÁSSICOS DE EXTRAÇÃO DE DADOS EM DISPOSITIVOS MÓVEIS

Aspectos históricos das modalidades de extração clássica

Acreditamos ser relevante dar início às tratativas desta obra, passando mesmo que de forma breve pela temática das extrações clássicas, visto que o nosso objetivo não é passar uma imagem onde todas as extrações devem ser operadas em metodologias de risco, ou de natureza avançada – muito ao contrário, elas devem, segundo preceitos delineados por estudiosos e peritos do tema e outros tratados, ser operadas fazendo--se uso das técnicas e métodos (hardware + software) disponíveis aos operadores da Lei por meio de tecnologias e empresas estabelecidas de renome, seja nacionais ou internacionais, havendo a necessidade de que os analistas (peritos) tenham esgotado todos os meios formais disponíveis, para somente então passar ao uso de métodos mais arriscados (avançados).

A nosso ver, a necessidade do Estado em ter acesso aos dados de comunicação de investigados e de organizações criminosas advém de longa data, desde mesmo de idos dos anos 1930, quando o FBI[21] desenvolveu o que conhecemos nos tempos atuais como o primeiro sistema de gravação de voz automático sensibilizado pela energia do sinal da linha telefônica, que por sua vez acionava relés que eram empregados para registrar movimentações e planos criminosos dos gângsteres da época quando estes falavam ao telefone. Trazendo a realidade dos fatos ao século XXI, o interesse do Estado em monitorar e investigar aparelhos celulares sofreu um impulso astronômico após os atos terroristas perpetrados em 11 de setembro de 2001. Após tal barbárie, diversas empresas de inteligência cibernética, investigação e auditoria, tanto civil como militar, foram criadas visando em suma dois objetivos: dar capacidade ao Estado de monitorar

---

[21] *Federal Bureau of Investigations*. Sigla na língua inglesa que significa Departamento Federal de Investigações, órgão do governo dos EUA.

chamadas telefônicas advindas de aparelhos celulares de tecnologias diversas e, por fim, objeto de nosso tema, a curiosidade e relevância em saber o que está armazenado no interior de tais dispositivos e como extrair e tratar tais informações ao nível forense.

Definição de extração clássica

Ao findarmos a abordagem dos aspectos históricos, cabe aqui tratar da definição do que conhecemos por extração forense de dados em seu modo clássico. Antes, nos cabe colocar que a sua principal característica é notadamente estar associada a um processo automatizado na execução de comandos e tarefas, com menor interferência da vontade e/ou expertise humana, estando esta, de forma geral, limitada à análise e configuração do aparelho em investigação, visando este se adequar à técnica a ser implementada pela ferramenta encapsulada (produto de código-fonte fechado).

Como definição temos: **"um conjunto de meios e métodos tecnológicos, providos por pessoa física e/ou jurídica devidamente registrados nos canais legais, de origem nacional ou estrangeira, que se responsabilizam pela eficácia dos métodos e meios desde que usados da forma adequada, onde há reduzida capacidade de interação humana em relação à execução do processo de extração em si, restando ao homem (operador) o papel de identificação da técnica e preparo do aparelho para fins de execução da ferramenta sobre este".**

De forma geral, como já mencionado, esse mercado, que tem natureza global, deseja que o maior número possível de agentes e forças da Lei possa, de forma segura e eficaz, com um não elevado tempo de capacitação técnica (em face de custos), operar um conjunto software e hardware visando a uma eficaz e satisfatória extração de dados em vestígios *mobile*.

Padrões de criptografia nos dispositivos móveis

Uma temática de elevada relevância para os métodos em estudo neste livro, visto que as extrações (tanto em modo clássico quanto em modo avançado) vêm evoluindo por conta dos padrões de criptografia utilizados em aparelhos celulares baseados tanto em Android[22] como em iOS[23].

---

[22] Sistema operacional de código aberto, utilizado em larga escala a nível mundial com base em *kernel* do Linux, sendo voltado a aparelhos celulares *smartphones*.

[23] Sistema operacional de código fechado desenvolvido pela empresa Apple para uso exclusivo em aparelhos iPhone.

44 Extração forense avançada de dados em dispositivos móveis

O foco atual de nossos estudos está em demonstrar de forma mais detalhada os padrões de proteção por cifras matemáticas nos sistemas Android, visto que essa tecnologia de sistemas operacionais móveis é o maior alvo das ações de natureza avançada para extração de dados.

No primeiro momento, quando lançados os primeiros padrões de *smartphones*, não havia proteção de dados do usuário, ficando a pasta *userdata*[24] e seus conteúdos abertos de forma plena para qualquer tipo de extração, mesmo as dos padrões mais simples. Com a chegada de aparelhos mais robustos em termos de processamento, bateria e armazenamento (memória permanente), bem como maior capacidade de execução de múltiplas tarefas com memórias de trabalho (armazenamento randômico), foi criada, a partir de alguns aparelhos que usavam o Android 4.4, a criptografia de dados por meio de um *container*[25]. Convém ressaltar que tal medida de proteção aos dados do usuário era muito pouco utilizada, portanto era ainda muito fácil de operar extrações ao nível físico. Esses fatores permaneceram até o lançamento do Android 6, sendo esta a última versão em que foi possível ao usuário escolher se a sua partição de dados seria ou não protegida. Quando do lançamento do Android 7, e por conseguinte até os dias atuais, a pasta de dados *userdata* passou a ser protegida de forma automática por padrão.

Esse primeiro modelo foi denominado de FDE[26], que, em linhas gerais, funciona a partir de uma chave matemática única, cujos padrões de estrutura podem ser AES-256[27], AES-256 (CBC)[28] ou XTS[29]. Essa chave primária é criada aleatoriamete e armazenada no aparelho de forma protegida, sendo ela testada e decriptada por meio da apresentação da senha numérica, alfanumérica, geométrica ou biométrica do usuário, desde que correta, fazendo com que a proteção matemática sobre os dados seja liberada para acesso a estes. Dessa forma, todos os dados do usuário são encriptados de forma automática antes de serem gravados de forma permanente na memória do aparelho. Como nos computadores em geral, esses dados transitam de forma livre (sem proteção) quando na memória volátil ou memória de trabalho do aparelho.

---

[24] Pasta (diretório) padrão do sistema Android que contém todos os dados do usuário.

[25] Proteção dos dados do usuário, armazenados mediante o emprego de criptografia.

[26] *Full-Disk Encryption*. Sigla na língua inglesa que significa encriptação do disco inteiro.

[27] *Advanced Encryption Standard*. Padrão matemático de chaves para criptografia de nível elevado.

[28] *Advanced Encryption Standard (Cipher Block Chaining)*. Padrão matemático de chaves para criptografia de nível elevado.

[29] *Ciphertext Stealing*. Padrão matemático de chaves para criptografia de nível elevado.

O segundo método é denominado de FBE[30]. Nesse modelo, o aparelho celular está protegido não por uma chave para todo o disco, mas por diversas chaves onde cada arquivo ou pasta possui a sua chave específica. O sistema está disponível a partir do Android 9.0 ou superior onde os padrões matemáticos utilizados são chaves AES-256 e XTS. É relevante informar que um aparelho celular que não nasceu com o Android 9 de forma nativa e foi atualizado para ele, ou mesmo atualizado para o Android 10, continua utilizando FDE de forma natural, não havendo suporte ao FBE. Outro ponto de grande importância deriva do complicador para o padrão FBE: este permite o que se denomina de inicialização protegida ou segura, onde não há inicialização de qualquer tipo de serviço a não ser que antes as credenciais do verdadeiro usuário do aparelho sejam corretamente informadas. Dessa forma, o sistema Android não inicializa, e sim o padrão de proteção criptografado; somente depois de liberado o serviço realmente tem início.

A empresa israelense Celebritte, especializada em forense *mobile*, fornece em alguns casos a solução para tal padrão de criptografia, fazendo-se uso de um estado do aparelho denominado de BFU[31], que seria uma metodologia de como extrair informações relevantes e não encriptadas armazenadas no aparelho fazendo-se uso de uma fragilidade do sistema operacional. Ainda é possível, através das ferramentas forenses da Cellebrite, realizar ataques por força bruta para o cálculo de senha numérica e/ou geométrica e, por fim, extrair uma imagem do sistema de arquivos completo do aparelho, denominada de *Full File System*[32], sendo esta inclusive contemplada com banco de dados de algumas redes sociais.

Esta obra não se dedica a esgotar o assunto, tendo em vista sua complexidade científica. Contudo, nos cabe aqui procurar traduzir da forma mais simples possível as metodologias de criptografia para então passarmos a nos dedicar às temáticas dos diversos tipos de extração ora empregados.

Formas de extração clássica

Citamos com orgulho duas obras na literatura portuguesa que já trataram a respeito da temática de extração forense *mobile*. A primeira se chama *Perícia Digital: da investigação à análise forense* (2014), da lavra do amigo pessoal e colega professor

---

[30] *File-Based Encryption*. Sigla na língua inglesa que significa Criptografia Baseada em Arquivos.

[31] *Before Ultimate Unlock*. Sigla na língua inglesa que significa Estado Anterior ao Último Bloqueio.

[32] Sigla na língua inglesa que significa Sistema de Arquivos Cheio.

e perito criminal Evandro Della Vecchia[33], a quem rendemos nossas homenagens por ter traçado considerações a respeito da temática forense *mobile* em 2014. A segunda, sendo mais contemporânea e tratando do tema de forma mais extensa, se chama *Tratado de Computação Forense* (2016), de forma mais precisa em seu capítulo 9, da lavra dos peritos Alexandre Vrubel e Luiz Rodrigo Grochocki. Lá os renomados *experts* apontam corretamente três tipos de extração a serem operados de forma clássica.

Extração manual (lógica manual)

Caracteriza-se pela capacidade de o perito ou analista ter acesso ao vestígio sob análise forense em seu estado não encriptado, ou seja, em linhas gerais, o investigado ou vítima colaboraram com a ação investigativa ao fornecer a senha de acesso ao aparelho, ou, ainda, por meio das técnicas disponíveis dada a solução forense empregada, houve o êxito na transposição da barreira criptográfica da senha.

Salienta-se que de pronto o aparelho deve ser configurado pelo perito (analista) acionando-se, além de outros que trataremos em momento oportuno, o protocolo MTP[34] (Protocolo de Transferência de Mídia) associado ao acesso aos dados do aparelho por meio da autenticação via ADB[35]. De forma resumida, o protocolo ADB, ao ser autenticado, realiza uma troca de confiança por meio de par de chaves matemáticas do padrão RSA[36], dando ao usuário autenticado o poder de executar comandos por meio de um terminal ADB. Dentre tais comandos, que estudaremos no volume 2 de nossa obra, está a capacidade de acesso aos dados internos da memória do aparelho investigado para a realização de uma cópia destes.

É relevante ressaltar que, nessa modalidade, o perito (analista) não dispõe de uma ferramenta forense encapsulada (profissional). Ele pode, de forma rudimentar, caso necessário, escolher e copiar todos os dados relevantes do vestígio a um local específico apropriado ao armazenamento forense.

---

[33] Autor, professor universitário e perito criminal Estadual do IGP-RS.

[34] *Media Transfer Protocol*. Protocolo utilizado no sistema operacional Android para troca de dados (mídia) entre o aparelho e outro dispositivo computacional.

[35] *Android Debug Bridge*. Sigla na língua inglesa que significa Ponte para Modo de Teste. É um terminal de comandos manual entre o operador e um aparelho celular conectado por meio da porta USB.

[36] Rivest-Shamir-Adleman. Sistema de chaves para conexão segura entre um aparelho e um dispositivo informático.

Uma variação do referido método, mas por meio do acesso à antena *bluetooth*[37], é denominada de extração lógica via *bluetooth*. Os resultados e acessos são operados da mesma forma e efeito.

Convém lembrar que, nessa modalidade, não há que se falar em análise de propriedades e ou sistemas de arquivos (por questões particulares dos sistemas operacionais), tampouco em capacidade de recuperar arquivos corrompidos ou apagados por meio de *data carving*[38]. Nesse método ainda não temos a capacidade de ter acesso a chaves de criptografia de bancos de dados, que nos dias atuais são informações de elevado valor.

A extração lógica também se opera por meio de software forense, seja em seus modos de apresentação livre (*open source*) ou de código fechado. Nesses casos, o software opera por meio do acesso ao terminal de ADB, havendo a utilização do protocolo MTP para a consequente troca de dados e cópia destes do vestígio em direção a uma mídia forense.

Extração por meio de *backup* e sistemas de arquivos

Nesta segunda modalidade temos a utilização de duas técnicas nas quais, em ambos os casos, temos a necessidade de operar o aparelho sem o bloqueio de senha. A primeira técnica seria o uso de um agente (aplicativo) instalado pela ferramenta forense ou software utilizado no vestígio; a segunda seria a utilização da própria ferramenta de *backup* do aparelho – neste caso, os arquivos (dados) copiados são fornecidos em um formato (cru) sem especificação, podendo ser .TAR, .ZIP, .RAR[39], dentre outros, mas a lógica de cópia de todos os dados possíveis é a mesma. Contudo, estes são entregues de forma mais "organizada" e compacta para ser processada em uma ferramenta forense. Nesses casos, ainda persiste a incapacidade de se operar recuperação de dados e ou mesmo a extração de chaves de criptografia de banco de dados.

---

[37] Tecnologia que usa protocolos por meio de radiofrequência em uma faixa específica visando conectar dois ou mais dispositivos móveis.

[38] Método empregado nas investigações forenses para recuperação de informações apagadas, sendo estas identificadas através dos registros de cabeçalhos dos tipos de arquivos.

[39] Formatos de arquivos para compactação de dados.

48 Extração forense avançada de dados em dispositivos móveis

Na modalidade de sistema de arquivos, quando assim o aparelho (vestígio) permitir, o perito (analista) poderá, por meio da técnica adequada, configurar o aparelho para o *download mode*[40] (modo de atualização pela porta USB), para que a ferramenta forense seja capaz de extrair dados mais ricos do que uma extração lógica, pois teremos informações pertinentes a sistemas de arquivos, que trarão consigo datas, alterações, acesso e propriedades de arquivos. Em alguns aparelhos da família Android podemos ainda obter (com a exploração de uma vulnerabilidade muito específica em aparelhos específicos) as chaves de banco de dados de aplicativos de mensagens, hoje tão cobiçadas. Ressalta-se aqui que, apesar de termos uma melhor qualidade de dados, que vai além da extração lógica, ainda não temos como operar recuperação de dados apagados nessa modalidade.

Extração física

Dentro do ambiente forense *mobile*, representa o que chamamos de estado da arte cobiçado e pretendido pelos peritos (analistas), tendo em vista a capacidade plena de acesso a todos os dados do aparelho e todos os setores a partir do endereço de memória (bloco zero) até o seu último bloco. Nessa modalidade, como já se percebe, temos o acesso pleno a tudo o que é desejado, de forma particular a partição *userdata*, utilizada pelos desenvolvedores para a guarda de todos os dados do usuário em sistemas Android. Mais ainda, diferentemente das anteriores, aqui o perito pode e deve explorar todas as capacidades relativas aos processos de recuperação de dados (*data carving*).

---

[40] Modo ou configuração do aparelho celular baseado em Android, dedicado à alteração e/ou atualização do sistema operacional.

4. O QUE É EXTRAÇÃO AVANÇADA E SEUS FUNDAMENTOS DENTRO DAS CIÊNCIAS FORENSES

Aspectos históricos relevantes

Não podemos iniciar as explanações sobre a temática forense avançada sem antes revisitar conceitos basilares do que chamamos de ciência mãe das atuais técnicas forenses voltadas a dispositivos móveis.

Diversas temáticas de investigação relativas aos procedimentos de coleta de dados sobre sítios da rede mundial ou investigação de artefatos maliciosos, hoje chamada de *malware forensics*[41], eram tratadas dentro da computação forense sem qualquer ramo específico até então.

Quando observamos a doutrina norte-americana sobre temas relativos à investigação forense em dispositivos móveis, já deparamos com uma realidade bem mais ampla e avançada. Desde os anos 90 os norte-americanos tratavam a temática de forma separada da computação forense, havendo uma ramificação específica denominada *cellphone forensics*[42]. Nos dias de hoje ela passou a se chamar forense *mobile* (designação para análise forense em dispositivos móveis).

Enquanto ciência raiz, a computação forense pregava em seus primórdios que não se deve sob qualquer pretexto "escrever", "gravar", ou seja, modificar o ambiente investigado (vestígio), sob pena de se macular de forma irreversível a preservação do local investigado. A teoria do princípio da transferência de Locard[43], escrita nos idos

---

[41] Subárea da computação forense destinada a investigar códigos e programas maliciosos e vírus de computador.

[42] Subárea da computação forense destinada a investigar e extrair dados de aparelhos celulares.

[43] Cientista forense chefe do laboratório forense da Polícia de Lyon, na França, considerado o pai da criminalística moderna.

50 Extração forense avançada de dados em dispositivos móveis

do século XIX, mas ainda atual e aplicada aos dias de hoje à computação forense, também chamada de "princípio da máxima preservação", apregoa que o analista forense deve sempre ater-se a técnicas e procedimentos que infrinjam uma mínima escrita no local investigado. Este deve fazer uso de sistemas de bloqueios lógicos e físicos contra escrita e fazer uso de análise em cópia binária forense (assinada por algoritmos); nunca, portanto, realizando seus estudos no objeto (vestígio) vivo ou assim chamado "a quente".

Podemos afirmar que esse princípio ainda norteia a computação forense e por conse-guinte também influencia a forense *mobile*. Contudo, ele sofre alterações de interpre-tativas quando se apresentam as técnicas forenses modernas de análise "a quente" ou "in vivo"[44] que são realizadas com os sistemas operacionais em pleno funcionamento a partir de softwares auxiliares baseados em sistemas Linux. Tal quebra de paradigma trouxe uma ruptura da escola doutrinária norte-americana, onde até então imperava a filosofia advinda do serviço secreto norte-americano que usava a forense "post mortem"[45] (dispositivos desligados), que passou a ser antagonizada pela nova escola de análise "a quente ou in vivo" (dispositivos ligados), criada pela polícia de Nova Iorque.

A importância desse relato histórico cabe nesta obra, para que você leitor possa com-preender que na temática forense em dispositivos móveis tivemos esse momento de quebra de paradigma com as novas tecnologias e sistemas operacionais dos aparelhos. Quando, no período de 1990 a 2009, ainda circulavam aparelhos CDMA[46], TDMA[47] (em menor escala) e GSM[48] com sistemas operacionais desprovidos de criptografia e/ou com fácil obtenção de poderes de *root*[49] (superusuário), o objetivo era abstrair informação dos aparelhos sem qualquer escrita no local investigado, bastando, na grande maioria dos casos, apenas conectar o aparelho celular por meio de cabo de conexão padrão USB à estação de análise forense com os *drivers* específicos para que este viesse a ser reconhecido como um disco (*drive* de armazenamento) com acesso fácil e simples, podendo ser duplicado ao nível forense visando a um futuro exame.

---

[44] Termo empregado em computação forense para determinar a análise com o computador em pleno funcionamento.

[45] Termo em latim que significa após a morte ou para fins de investigação com os sistemas desligados sem energia elétrica.

[46] *Code Division Multiple Access*. Termo na língua inglesa utilizado para protocolos de telefone celular que representa o Acesso Múltiplo por Divisão de Código.

[47] *Time Division Multiple Access*. Termo na língua inglesa utilizado para protocolos de telefone celular que representa o Acesso Múltiplo por Divisão de Tempo.

[48] *Global System for Mobile*. Sigla na língua inglesa que representa Sistema Global para Comunicações Móveis.

[49] Termo na língua inglesa que se refere ao usuário com poderes totais na estrutura de um sistema de código livre baseado em Linux.

Com avanço das tecnologias GSM mundo afora e em nosso país, vieram as novas vertentes de sistemas operacionais baseados na tecnologia Android e por conseguinte as versões que poderiam se valer de alguma criptografia se assim desejasse o proprietário do aparelho. A seguir, observe a tabela parcial de padrões de criptografia dos sistemas operacionais Android de 2009 a 2014.

Versão	Nome	Ano	Criptografia
1.5	*Cupcake.*	2009	*Userdata* aberto.
1.6	*Donut.*	2009	*Userdata* aberto.
2.1	*Eclair.*	2010	*Userdata* aberto.
2.2	*Froyo.*	2010	*Userdata* aberto.
2.2.1	*Froyo.*	2010	*Userdata* aberto.
2.2.2	*Froyo.*	2011	*Userdata* aberto.
2.3	*Gingerbread.*	2011	*Userdata* aberto.
2.3.3	*Gingerbread.*	2011	*Userdata* aberto.
2.3.4	*Gingerbread.*	2011	*Userdata* aberto.
2.3.5	*Gingerbread.*	2011	*Userdata* aberto.
2.3.6	*Gingerbread.*	2011	*Userdata* aberto.
2.3.7	*Gingerbread.*	2011	*Userdata* aberto.
3.0	*Honeycomb.*	2011	*Userdata* aberto.
3.1	*Honeycomb.*	2011	*Userdata* aberto.
3.2	*Honeycomb.*	2011	*Userdata* aberto.
4.0.1	ICS.	2011	*Userdata* aberto.
4.0.3	ICS.	2012	*Userdata* aberto.
4.0.4	ICS.	2012	*Userdata* aberto.
4.0.5	ICS.	2012	*Userdata* aberto.
4.1.1	*Jelly Bean.*	2012	*Userdata* aberto.
4.1.2	*Jelly Bean.*	2012	*Userdata* aberto.
4.2	*Jelly Bean.*	2012	*Userdata* aberto.
4.2.1	*Jelly Bean.*	2013	*Userdata* aberto.
4.2.2	*Jelly Bean.*	2013	*Userdata* aberto.
4.3	*Jelly Bean.*	2013	*Userdata* aberto.
4.4	*Kit Kat.*	2013	*Userdata* aberto.
4.4.2	*Kit Kat.*	2013	*Userdata* aberto.
4.4.3	*Kit Kat.*	2014	*Userdata* aberto.
4.4.4	*Kit Kat.*	2014	*Userdata* aberto.
5.0	*Lollipop.*	2014	*Userdata* aberto.
5.0.1	*Lollipop.*	2014	*Userdata* aberto.
5.0.2	*Lollipop.*	2014	*Userdata* aberto.
5.1	*Lollipop.*	2014	*Userdata* aberto.
5.1.1	*Lollipop.*	2014	*Userdata* aberto.

Percebe-se que os dados a serem escrutinados ao nível forense, mais especificamente o que se denomina de *userdata* (dados de usuário), estavam sempre abertos, com baixa e ou mesmo sem criptografia de acesso. Essa realidade se modifica em 2015, quando é lançada no mercado a versão 6.0 (batizada de *Marshmellow*), que dava ao usuário do aparelho a opção de encriptar os dados fazendo uso de chaves criadas pelo sistema operacional em conjunto com o processador, que na época já tinha capacidade para cálculos mais complexos. Ainda assim, essa opção não estava disponível em todos os aparelhos e processadores, somente nos mais robustos do momento.

Tais incrementos ligados à proteção e privacidade do usuário passaram a ter uma elevada relevância no mercado com o Android 7 (batizado de *Nugat*), lançado em 2017. Criou-se uma nova metodologia de proteção aos dados, batizada de *container*, que trazia maior dificuldade aos peritos forenses, tendo em vista que o acesso à pasta *userdata* estava bloqueado de forma automática por padrão de fábrica.

Definindo extração avançada

Como foi possível perceber, para a perícia em aparelhos celulares, se faz necessário o acesso pleno aos dados. Para tanto, devem ser empregadas as tecnologias necessárias para tal fim. No que se chama de "estado da arte", o analista ou perito forense recebe o aparelho celular em estado de funcionamento e, portanto, apto a ser empregado em uma das diversas ferramentas proprietárias (código fechado) e ser submetido aos meios disponíveis de extração de dados. Nesse momento são levados em consideração fatores de extrema importância, tais como: qual a versão do sistema operacional? O aparelho possui senha de acesso? Havendo a resposta para tais perguntas, as atividades a seguir passam a ser executadas de forma sequencial pelo que determina os padrões de software e hardware da empresa detentora da tecnologia de extração, caracterizando-se esse processo como encapsulado ou automatizado, no sentido de que ele está oculto, encoberto, havendo menor grau de vontade e interação humana com o aparelho, restando ao conjunto de software/hardware a intervenção automatizada e o diagnóstico da melhor técnica aplicada ao aparelho do qual se deseja extrair os dados.

Já definindo extração avançada, ao contrário do que se tem como habitual, ela se norteia como sendo o conjundo de "**análises e técnicas de intervenção por software e/ou por hardware, ou ambos ao mesmo tempo, que devem ser implementadas em um vestígio sempre que os métodos forenses tradicionais (automatizados) não tiverem sido eficazes e/ou não possam ser empregados**".

Ainda na mesma temática, citamos trecho da obra *Tratado de Computação Forense* (2014), onde os colaboradores e peritos Alexandre Vrubel e Luiz Rodrigo Grochoki, em seu capítulo 9, escreveram o seguinte sobre extração avançada:

> (...) "As técnicas mais avançadas de extração requerem conhecimentos em eletrônica por parte do perito, já que requerem a remoção física do circuito integrado de memória da placa de circuito impresso." (VRUBEL; GROCHOCKI, 2014, p. 327).

Para melhor traduzir o que foi exposto, vamos elaborar um caso simples, mas muito usual em laboratório forense. Em uma instituição correcional (prisional) fora detectado na posse de um interno um aparelho celular da marca Samsung, fabricado em 2014, usando o Android 5.1.1. O primeiro pensamento seria, de forma tradicional, aplicar no aparelho as técnicas disponíveis dentro dos softwares fechados de mercado para fins de extração. Contudo, percebeu-se que o aparelho não liga, não carrega e não possui sinal de inicialização do sistema operacional. Tendo em vista o grau de periculosidade do detento que operava o aparelho, este passa a ter um alto valor informacional para os agentes da Lei.

Da breve e simples história aqui narrada nascem diversos questionamentos:

1. **Devemos abandonar o caso, pelo fato de o aparelho não apresentar funcionamento?**
2. **O aparelho pode ser reparado, a nível de software ou hardware, para fins de aplicação das técnicas usuais?**
3. **Há outros meios e formas de intervenção para a extração de dados?**

Retornamos ao conceito de extração avançada para fundamentar as respostas aos questionamentos propostos. A nosso ver, há uma clara possibilidade de aplicação das técnicas extraordinárias, pois, de forma involuntária e sem qualquer causalidade entre o analista e o vestígio, este encontra-se inapto a ser extraído por meio clássico.

A resposta simples e direta à primeira e à terceira indagações é que não se faz necessário abandonar o caso, pois o aparelho em questão é elegível à aplicação de uma ou mais técnicas de *flash software*[50], JTAG, ISP e por fim *chip-off*. Havendo êxito, os

---

[50] Método de reparo de aparelhos celulares por meio de alterações no sistema operacional. Também utilizado no meio forense para fins de quebra de barreiras de criptografia e/ou para implementar poderes de *root*.

dados do aparelho seriam transparentes, pelo fato de termos um sistema com baixa proteção de criptografia.

A resposta à segunda indagação seria "sim", pois é viável uma intervenção para fins de reparo no aparelho para *a posteriori* se aplicar a técnica usual. Salienta-se por oportuno que seria desejável que essa intervenção fosse executada dentro de um laboratório forense, através pessoas qualificadas e com o comprometimento legal necessário. Não sendo possível, sempre aconselhamos que o Juiz de direito competente ao caso autorize a intervenção, sendo esta documentada para fins de preservação de todo o sistema de cadeia de custódia legal.

A situação fática se aplica também aos momentos em que o analista forense necessitar operar uma extração binária física, também chamada de extração completa, tendo em vista situações em que se faz necessária a obtenção de chaves de banco de dados e/ou a execução de procedimentos de recuperação de informações apagadas do aparelho (comum em casos de pornografia infantojuvenil). Contudo, o software comercial empregado pode não reconhecer o aparelho, ou por vezes pode não operar esse tipo de extração para o modelo desejado.

Em casos dessa natureza, resta claro que há outros meios e que o analista não precisa abandonar o caso. Em situações nas quais o empecilho é o acesso aos dados por bloqueio de senha ou a necessidade de se implementar *root* (poderes de superusuário), estes podem ser analisados e viabilizados por meio da técnica de *flash software*, que substitui o sistema operacional do vestígio analisado por outro customizado, podendo ou não já termos o acesso *root*, mas sem alterar e/ou danificar a área de armazenamento de dados *userdata*. Não é demais lembrar ao leitor que, para essa técnica e as demais, temos de solicitar de forma clara e explícita autorização ao Poder Judiciário, sem a qual incorremos no sério risco de invalidar o trabalho de coleta, bem como também de sermos responsabilizados pela perda de dados decorrentes de sua aplicação.

Os riscos e os fundamentos forenses aplicados à extração avançada

Em todas as operações que envolvem a prática e/ou a necessidade de expertise humana o risco está envolto. As habilidades humanas estão afetas a interferências diversas, entre elas o erro, que pode ocasionar a perda e/ou destruição de dados.

O analista deve ter como premissa os pontos fundamentais que se seguem.

A melhor extração pelo menor risco possível

Está enganado sob todas as formas possíveis aquele que acredita que esta obra incentiva o completo abandono dos sistemas tradicionais de extração de dados *mobile* – ao contrário, ela vem ao encontro daqueles que desejam uma solução responsável, científica e sustentável quando o que nos é usual não se aplica ou não pode ser utilizado. Portanto, todo e qualquer perito ou analista deve em sua estratégia **sempre optar pela premissa de executar a melhor técnica com o menor risco possível, mesmo que dela resulte um padrão de extração de dados não "ideal" ao que este deseja, mas que ela seja segura e os dados estejam preservados.**

Obtenha privilégios com cautela

Na esteira do que foi tratado no item anterior, ao se obter, por exemplo, acesso ao aparelho sem a barreira de senha, por conta da exitosa aplicação de um software combinado (*ROM combination*[51]), não deve o perito ou analista desde já implementar as técnicas para *root*, mesmo que este domine o conteúdo e os meios. Deve ele, ao seguir a premissa, obter todas as informações do aparelho, seja por meio de extração lógica, sistema de arquivos e/ou parcial sistema de arquivos, para que, somente então, estando garantido do que detém consigo, possa agir em forma de escala e tentar o acesso *root*.

O magistrado deve ser o primeiro a saber

A doutrina das ciências forenses no Brasil não discorre de forma vasta e aprofundada sobre as técnicas aqui tratadas. Para fins de registro, na obra *Tratado de Computação Forense* (2016), o professor, perito e pesquisador PhD em Engenharia Elétrica Pedro Luis Próspero Sanchez trata de forma mais detalhada dos exames de computação embarcada e afirma, sobre a técnica do *chip-off*:

> (...) "Existem, então, situações em que o exame pericial pode requerer a remoção do componente do equipamento para que possa ser examinado isoladamente. A primeira situação é aquela em que o sistema não possibilita o acesso aos dados de interesse, em razão da forma em que foi construído. A segunda situação é aquela em que o equipamento se encontra inoperante ou parcialmente destruído." (SANCHEZ, 2016, p. 302).

---

[51] Sistema operacional customizado, alterado por desenvolvedores, com recursos mínimos, a ser empregado por técnicos de reparo em dispositivos móveis e/ou analistas forenses, visando fazer o dispositivo voltar a funcionar ou ter acesso a dados de usuário sem a barreira de senha.

Ainda no mesmo tema, nos ensina que:

> (...) "A remoção de componentes de memória é extremamente complicada e arriscada. As chances de insucesso, inclusive com destruição do componente, são muito grandes. Essa operação só deve ser feita como último recurso, por profissionais especializados e experientes, e requer uma infraestrutura de laboratório especializada." (SANCHEZ, 2016, p. 303).

Conforme demonstrado pelo Prof. Pedro, há um paralelo entre a extração forense de dados em sistemas embarcados e a forense avançada em dispositivos móveis. Observe que o texto enfatiza o risco de perda de dados e a necessidade de técnicas e materiais especializados. Dito isso, por se tratar de abordagens não previstas pelos grandes doutrinadores e mais ainda não empregadas por todas as polícias estaduais e/ou departamentos federais em nosso país, o resguardo jurídico do tema se torna mais urgente e relevante. Como tratamos da execução de diligências técnico-científicas que carecem de aprovação judicial para serem levadas a efeito (**acesso a dados de aparelhos celulares, quebra de sigilo telemático, redes sociais etc.**), todas as ações pertinentes a extrações avançadas devem estar calçadas de forma clara em decisões judiciais que dão ao analista e/ou perito o acesso pleno ao vestígio mesmo que por meio de técnicas avançadas que detenham potencial destrutivo da estrutura física ou lógica do aparelho. Portanto, o simples mandado judicial para acesso ao aparelho não deve ser equiparado a uma autorização para procedimentos avançados de imediato. Deve haver o registro de pedido anteriormente pela autoridade e fazê-lo constar o magistrado em seu despacho ou sentença relativa ao tema. Reforçamos que, para fins de uso legal e de instrução processual penal das informações obtidas em procedimentos avançados, estas devem preceder da respectiva autorização judicial específica.

Os fundamentos forenses aplicados à extração avançada

Para o desenvolvimento dessa temática, vamos novamente fazer uso da analogia como forma pedagógica do desenvolvimento das ideias aqui propostas. Vamos todos nos colocar no cenário hipotético onde uma autoridade (Delegado de Polícia, Promotor de Justiça e ou Juiz de Direito) necessita de forma urgente de informações armazenadas em dispositivo móvel apreendido por determinação judicial, mas que fora danificado por um disparo de arma de fogo desferido pelo próprio investigado, que, por conta da gravidade dos crimes praticados, usou de tal expediente visando à destruição de dados armazenados no aparelho que, com certeza, iriam lhe atribuir autoria e materialidade criminal.

Reza o Código de Processo Penal:

> (...) "Art. 158. Quando a infração deixar vestígios, será indispensável o exame de corpo de delito, direto ou indireto, não podendo supri-lo a confissão do acusado." (Decreto Lei nº 3.689, de 03 de outubro de 1941)

Portanto, o vestígio apreendido não pode ser simplesmente afastado e/ou esquecido por conta do dano a ele causado, tendo em vista que escusar-se desse exame fere de morte a necessidade de persecução penal da parte dos representantes da Lei como forma de proteção à sociedade e tendo a obrigação legal de investigar.

Conforme já ensinado, todas as autoridades citadas no exemplo podem pedir de forma detalhada e fundamentada o crivo do Estado Juiz para que se proceda na diligência de extração avançada, com exceção somente do Magistrado, que, por já representar a figura do Estado, pode de plano (de ofício) determinar a quem compete que proceda às diligências necessárias ao caso.

Suprida essa necessidade, o responsável (analista forense, perito *ad hoc*, assistente técnico do Ministério Público ou Perito Criminal) pode iniciar o trabalho sobre o vestígio que é sempre inaugurado pelo procedimento de verificação de cadeia de custódia (Lei federal nº 13.694/2019). Dentre outros pontos, ele(a) deverá:

> ➢ Examinar se a autorização judicial é clara em relação ao procedimento. Sendo dúbia ou duvidosa, provocar a autoridade para fins de complementação.
> ➢ Verificar se o vestígio se encontra em recipiente adequado com lacre, estando preservadas suas características primordiais.
> ➢ Averiguar como se deu a coleta do vestígio do local do crime e como este foi encaminhado ao laboratório de extração avançada, do ponto de vista de acondicionamento, transporte e recebimento.
> ➢ Se tudo estiver em ordem, deve ele(a) preencher a ficha de controle de vestígio mostrando responsável, data, hora, código de lacre e o que foi trabalhado no vestígio para fins de controles legais.
> ➢ Fotografar o vestígio em seu atual estado de conservação e recebimento, e, se o caso prescindir, fazer registros audiovisuais para melhor constatação.
> ➢ Romper o lacre e proceder em extensos exames interno e externo, e/ou outros que sejam adequados ao caso, visando obter o maior número de informações técnicas do vestígio analisado para que, com base nestas, possa determinar o melhor conjunto de ações, levando em consideração, como afirmado, **"a melhor extração pelo menor risco possível"**.

58 Extração forense avançada de dados em dispositivos móveis

> ➢ Implementar a técnica julgada como adequada, registrando em seu relatório se houve ou não o êxito, bem como detalhando os procedimentos para fins de futura necessidade de novos testes e/ou destes serem refeitos se possível for.
> ➢ No caso de êxito da técnica, a extração de dados possível deve ser realizada e posteriormente o seu resultado armazenado e assinado (como forma de garantia de integridade) por algoritmo de baixa possibilidade de colisão, como SHA-1[52].
> ➢ O conteúdo da extração deve ser processado por meio de ferramentas forenses homologadas por empresas idôneas e reconhecidas como tal e/ou por software forense consagrado e utilizado em ampla escala nos meios periciais e devidamente aceito pelo poder judiciário.
> ➢ O resultado do processamento e demais informações devem constar em relatório técnico de extração dos dados, sendo ele o mais preciso possível sobre todos os pontos aqui tratados.

A nosso humilde ver, o conjunto básico de ações aqui delineadas supre do ponto de vista forense e legal o necessário para proteger a peça investigada (vestígio) e atender aos pré-requisitos legais ligados ao tema (cadeia de custódia).

De forma sempre honesta e franca com o leitor desta obra, temos a ciência clara e respeitosa de que a nossa interpretação não ecoa de forma unânime nos meios acadêmicos, jurídicos e periciais. São novas abordagens apresentadas tanto à academia jurídica quanto às escolas periciais, visto que tais técnicas começaram a ser utilizadas de forma mais robusta em nosso país somente a partir de 2018.

Aplicação de técnicas de manutenção corretiva (pré-avançadas)

O leitor que está atento aos ensinamentos e premissas práticas aqui discutidas já percebeu que não se aconselha de imediato uma técnica avançada, ou mais ainda uma técnica avançada destrutiva. O analista deve sempre eliminar todas as possibilidades de extração por meios clássicos para somente depois, se assim o diagnosticar, implementar uma ou mais técnicas de risco.

Como resultado dessa premissa, usamos no processo de triagem e análise o que se denomina de métodos de correção por manutenção, tais como: substituição de tela padrão LCD[53], substituição de baterias, substituição de pinos de contato de baterias,

---

[52] *Secure Hash Algorithm*. Algoritmo de assinatura com risco de baixa colisão para fins de assinatura de integridade de artefatos forenses.

[53] *Liquid Crystal Display*. Sigla na língua inglesa que representa o sistema de telas de cristal líquido dos aparelhos celulares.

substituição de portas de conexão USB[54], lavagem ultrassônica, desoxidação da placa-mãe etc.

No setor público, essa ação é denominada de reparo. Há a previsão legal e lícita para a remessa do vestígio a uma assistência técnica credenciada da marca, visando o conserto mediante pagamento por cartão corporativo, com a retenção dos impostos e comprovantes legais visando a posterior prestação de contas ao ente público.

Sob a ótica no sistema de cadeia de custódia legal, esse reparo pode e deve ser solicitado previamente ao poder judiciário quando envolve riscos maiores, e a nosso ver sem a necessidade dessa autorização para algo corriqueiro e simples. A ação deve ser registrada na ficha de controle do vestígio e posteriormente elaborada a certidão de transporte da diligência, sendo o vestígio acompanhado pelo analista responsável e lá ficando para fiscalizar o reparo, que deve ser realizado de forma imediata.

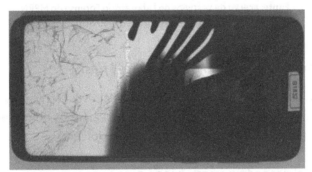

Aspecto de vestígio com a tela (*display*) danificada, sem a possibilidade de interação para extração clássica, mas com as demais funções em ordem.
Aconselha-se a substituição da tela em primeiro lugar.
Fonte: acervo do laboratório forense do MPRN
(sem identificação de caso, investigado ou processo).

Aspecto de conectores USB de carga celular LG K4 fabricação 2017.
Fonte: peça do acervo pessoal do autor Jorge.

---

[54] *Universal Serial Bus*. Sigla na língua inglesa que significa porta serial universal, utilizada para fins de conexão de dados entre o aparelho e outro dispositivo computacional e/ou para carregamento da bateria do dispositivo.

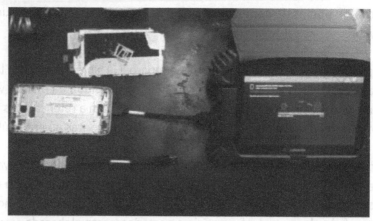

Aspecto do processo de extração física de um aparelho danificado da marca Samsung modelo J7, apresentando tela e botões quebrados com grande quantidade de oxidação interna. A solução sem intervenção avançada deu-se com a limpeza da placa e implementação exitosa do modo *download*.
Fonte: acervo de vestígios do Laboratório Forense do MPRN (sem identificação de caso, investigado ou processo).

Extração avançada por meio de software (*flash*)

A ordem escolhida para as apresentações das respectivas técnicas avançadas não foi definida de forma aleatória e/ou sem uma razão. Partimos do método com o risco de menor grau até o método com o maior risco envolvido.

Todo aparelho celular padrão *smartphone* é dotado de ferramentas e dispositivos de ordem computacional, tais como: tela, teclado, alto falante, processador, memória permanente, memória volátil e, por fim, um sistema operacional.

Trataremos aqui de forma exclusiva do padrão Android, pois é uma tecnologia que recepciona a técnica de alteração do sistema operacional com maior facilidade e possui farta documentação de suporte às suas ações.

Para melhor entendimento, definiremos aqui essa extração como sendo a "**aplicação de uma atualização (alteração) de software em área e/ou áreas específicas do aparelho investigado, a qual visa dar acesso aos dados do *userdata* sem a barreira de criptografia e/ou dar ao analista forense poderes de *root***".

Não é incomum também fazer uso de ferramentas específicas de *flash software* para fins de recuperação do estado apto de funcionamento de um aparelho que esteja "morto" (como se usa no jargão usual dos técnicos de manutenção). Este, voltando ao estado de uso pleno, pode ser analisado com a técnica adequada, seja ela clássica ou mesmo avançada.

Como havíamos mencionado anteriormente, a primeira atitude do analista forense do caso deve ser aferir se o aparelho apresenta todas as suas funções em plena capacidade, tais como: porta USB em funcionamento, tela responsiva, botões em funcionamento e recebendo carga elétrica em valor mínimo ou superior a 50%.

Em um segundo momento, o perito deve conhecer a fundo todas as características do aparelho, visando validar se este é um vestígio elegível a receber tratamento via alteração de software. O segundo ponto necessário para a verificação é determinar se o padrão de criptografia do dispositivo investigado possui chave única (FDE) ou se possui outro nível de criptografia com padrão de múltiplas chaves (como FBE).

Em linhas gerais, os aparelhos com versões de Android até o 8 possuem padrão criptográfico FDE (podendo haver algumas exceções). No caso, há um teste específico de observação que pode ser realizado, pois os dispositivos com padrão FBE não permitem a inicialização por completo do sistema operacional, deixando assim o aparelho em um nível de maior segurança. Em geral, na tela não há visualização de qualquer serviço ou mesmo avisos; quando há algum indicativo, a primeira visão do usuário é uma tela de chave de criptografia sem qualquer fundo ou informação. Essa chave pode ser uma senha numérica, alfanumérica, por gesto (geométrica), ou mesmo uma chave biométrica.

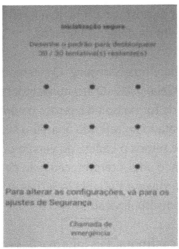

Exemplo do corpo de tela de inicialização segura por meio de criptografia FDE, onde não há qualquer vestígio de serviço do sistema operacional original, apenas do serviço de criptografia implementado.
Fonte: acervo do autor Jorge.

62 Extração forense avançada de dados em dispositivos móveis

Os aparelhos baseados em Android em geral possuem uma metodologia ou modo de atualização de software chamado de *download mode*, modo este que permite a escrita de seus dados visando a alteração ou atualização do sistema operacional por meio de interação de um software com a porta USB do aparelho via cabo, pelo qual os dados são inseridos para escrita.

Como já dito, o perito (analista) deve conhecer o estado do aparelho em termos de segurança e de sistema operacional. Para tanto, ele pode dispor de ferramentas ou softwares de intervenção avançada (*box*), que serão objeto de nossas considerações mais à frente, ou mesmo analisar os dados contidos via informações advindas do próprio aparelho.

Pesquise a marca e o modelo do aparelho investigado e determine se ele possui um método avançado de recuperação, também denominado de modo *recovery*. Tal método, como veremos na tabela a seguir, nos dá uma série de informações de elevada importância para a nossa tomada de decisão.

ANDROID RECOVERY
Samsung/**a10ub/a10**
9/PPR1.18060.011/A105MUB**U3**ASG1
User/release-keys
Use volume up/down and power.

Ao analisar as informações dispostas na tela do aparelho, verifica-se o seu elevado valor para o desenvolvimento da diligência técnica.

A empresa fabricante do aparelho é Samsung. O seu modelo, mais precisamente seu nome comercial, é A 10 ou Galaxy A10. O seu nome industrial, para fins de pesquisa, é a10ub. Logo mais à frente, de forma isolada, temos o número 9, o que nos indica que o sistema operacional instalado no referido aparelho seria Android 9, nos restando analisar mais adiante onde temos o código de versão ou *build* do referido sistema: A105MUBU3ASG1. Realizando uma interpretação mais detalhada deste código, temos A105M como a versão do *firmware* e MUBU3ASG1, que faz referência a um sistema operacional com o binário de atualização 3.

É de relevada importância confrontar tais informações com outras fontes confiáveis de uso diário. Recomendamos <https://www.maiscelular.com.br>.

Especificações do modelo	
	Samsung Galaxy A10
Modelo(+)	Galaxy A10 (SM-A105M)
Outros nomes do modelo	Galaxy A10 SM-A105M Single-Sim
País ou região onde é vendido	LAT (América Latina), México, Peru, Uruguai
Marca	Samsung
Data lançamento	19/03/2019

Fragmentos de informação do vestígio analisado, dentre os quais relata a data de lançamento, versão do SO e tipo de processador.
Fonte: Mais Celular (s.d.).

Ao pesquisarmos o modelo do caso, verifica-se que se trata de um aparelho dotado de Android 9, conforme visto, sendo que não há confirmação de sua atualização para o Android 10 e, mais ainda, de que este é dotado do processador Exynos 7, *loader* 7884.

O conjunto de tais informações nos é relevante e com elas podemos tomar uma decisão.

Em primeiro lugar, como já fora ensinado, devemos verificar se as ferramentas do laboratório ao qual o analista pertence pode explorar uma extração por meio do método *full file system* a partir do modo BFU, que poderá nos dar valiosas informações sobre o aparelho, inclusive sua senha, a depender se esta for numérica ou por gestos. Não havendo tal ferramenta, podemos verificar se há possibilidade de uso do método *decrypt bootloader*[55] voltado ao processador Exynos em questão. Bem, se foram esgotadas as possibilidades com essas tentativas, aí então passamos para o uso do software.

Em continuidade, nos cabe agora selecionar o software adequado ao caso. Usamos recursos de três fontes que detalharemos no volume 2 de nossa obra: <https://www.stockrom.net/>, <https://desktop.firmware.mobi/> e, por fim, uma conta paga do serviço de *download* do site <https://www.clansoft.net/dl/>.

Representação do software *ROM combination* adequado ao aparelho analisado.
Fonte: Site ClanSoft, pesquisado em 02 de março de 2022[56].

---

[55] Método de extração física de dados em dispositivos móveis baseados em Android, patenteado pela empresa Cellebrite.
[56] <https://www.clansoft.net/dl/index.php?a=downloads&b=file&id=6485>.

Temos duas opções de buscas para o nosso experimento: a primeira alternativa seria um software completo denominado de ROM[57], para o caso de o aparelho estar danificado ou com problemas de inicialização, havendo a necessidade de reparo. A segunda opção, que é o nosso caso, seria usar uma *ROM combination*[58], termo empregado para uma versão "menor" do sistema operacional, usada para casos emergenciais. Sua vantagem é deixar o aparelho receber *downgrades*[59], ou seja, permitir que as suas configurações de segurança sejam reduzidas, tais como não habilitar senhas, ter poderes de *root*, poder implementar alterações etc.

Verificamos que no site da Stock Rom não houve retorno para a versão e o modelo específicos para o nosso caso. Já na pesquisa junto ao site da empresa Clansoft fomos exitosos: encontramos a ROM adequada.

Agora, por fim, implementaremos a solução. Mas fica a dúvida: será que é possível fazer de forma direta sem maiores preocupações?

A resposta a tal questionamento se encontra no que se denomina de persistência do aparelho. A partir do Android 7 e em diante, os sistemas de proteção da Samsung passaram a assinar matematicamente as versões do sistema operacional para impedir que este fosse alterado de forma direta. Tais informações são registradas no que se denomina de *persist*[60], que vem a ser uma partição do sistema operacional onde estão gravadas as proibições de alteração do software, dentre elas o que se denomina como sendo a conta FRP[61]. Trata-se de uma proteção implementada em 2015 em todos os aparelhos que possuem Android 5.1 ou superior, a qual proíbe que um aparelho tenha seu software alterado por formatação e/ou por atualização e dele tenha todos os dados apagados, podendo ser reutilizado de forma livre, sem que para isso o usuário tenha o conhecimento da senha da conta do proprietário (conta Google).

---

[57] *Read-Only Memory*. Termo empregado para se referir à memória de registro permanente do aparelho, a qual armazena dados de todas as operações, inclusive dados do usuário. Também pode ser empregado para denominar uma imagem (distribuição) de sistema operacional.

[58] Sistema operacional customizado, alterado por desenvolvedores com os recursos mínimos para serem empregados por técnicos de reparo em dispositivos móveis e ou analista forenses, visando fazer o dispositivo voltar a funcionar ou ter acesso a dados de usuário sem a barreira de senha.

[59] Método forense de explorar vulnerabilidade de um aplicativo efetuando a sua substituição por uma versão anterior de maior fragilidade.

[60] Partição de sistema operacional Android.

[61] *Factory Reset Protection*. Representa uma proteção de segurança do Android contra a alteração e/ou retirada dos dados da conta de proprietário do aparelho.

Nos casos em que temos a conta FRP em modo *on*, ou seja, ligada, ativa, de nada nos adiantará efetuar a escrita em sua forma direta, pois levaremos o aparelho a uma situação de travamento por software não autorizado.

Se estivéssemos tratando de um aparelho sem essa funcionalidade, com FRP *off* poderíamos atualizar de forma direta sem danos.

Para solucionar o caso, temos de implementar a escrita dos dados e apagar a FRP do aparelho. Podemos fazê-lo por meio de softwares e/ou caixas de intervenção, e também por meio de microssolda ISP, método a ser demonstrado mais adiante.

Tomando como base o êxito de um acesso via ISP no aparelho, ao termos acesso à partição *persist*, esta deve ser apagada com os dados sobrescritos.

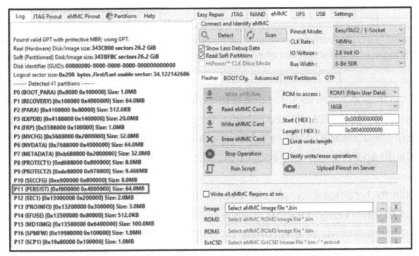

Representa a caixa de intervenção (*box*) Easy JTAG Z3X, onde todas as partições do aparelho foram conectadas com êxito; em destaque, a partição *persist*, que deve ter seus dados apagados.

Obtendo êxito, na mesma oportunidade o perito (analista) pode já implementar a escrita dos dados por meio do mesmo software da *box*. As alterações serão realizadas nos seguintes ambientes: *boot*, *recovery* e *system*.

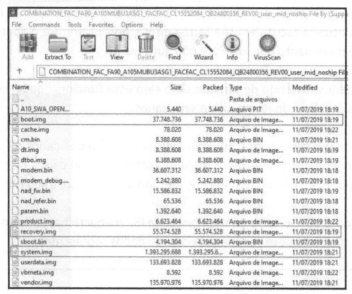

Software *ROM combination* a ser empregado no aparelho em questão, com destaque para as áreas que já foram anteriormente colocadas, que darão acesso ao aparelho sem a necessidade de senha.

É de suma importância lembrar que temos, logo abaixo de *system*[62], a partição *userdata*, que, no caso, está em seu estado "limpo" ou vazio. Convém reforçar que esta não deve ser utilizada, pois, se o fosse, iria apagar todos os dados do ambiente de *userdata* do aparelho investigado, inviabilizando assim qualquer análise.

Logo adiante teremos exemplos de escrita de software de forma direta fazendo uso de caixa de intervenção e do software Odin[63]. A caixa de intervenção permite ao perito (analista) verificar e autorizar ou não o ambiente adequado de escrita. Já no software Odin o analista pode ser surpreendido e ter seu ambiente *userdata* escrito sem aviso anterior.

---

[62] Partição padrão do sistema operacional Android onde se armazenam dados do sistema.
[63] Programa de computador de uso livre, utilizado para modificação ou alteração de software em aparelhos baseados em Android.

O que é extração avançada e seus fundamentos dentro das ciências forenses **67**

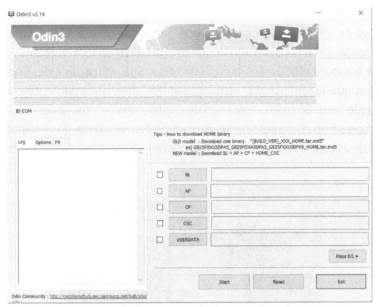

Aspecto do software para intervenção por escrita de software Odin.

A seguir, preparamos um quadro resumo para sua melhor compreensão dos termos utilizados no software Odin.

BL	Representa os dados da área de *bootloader*.
AP	Representa os dados das áreas de *system* e *recovery*.
CP	Representa os dados das áreas de modem e rádio.
HOME – CSC	Representa os dados da área do país, região e operador (empresa de telefonia). Utilize sempre CSC para uma alteração com formatação de *userdata*. Utilize sempre HOME CSC para a manutenção dos dados de *userdata*.
USERDATA	Representa os dados da área de usuário do aparelho.

Extração avançada por meio de intervenção eletrônica (JTAG)

Criada para aferir (investigar) problemas de hardware em placas e/ou dispositivos eletrônicos (recuperação de dados e teste de performance), é capaz de se comunicar em duas vias, sendo uma para ler e outra para gravar dados. Foi desenvolvida pelo *Joint Test Action Group* em 1985 para verificar projetos e testar placas de circuito impresso após a fabricação. Em 1990, o Instituto de Engenheiros Eletricistas e Eletrônicos codificou os resultados do esforço do *IEEE Standard* 1149.1-1990, intitulado *Standard Test Access Port and Boundary-Scan Architecture*.

Ressaltamos que esse método em questão requer habilidades eletrônicas do analista, além do uso de microscópio digital de boa qualidade para a execução do trabalho de microssolda. Ele é considerado de baixo grau destrutivo, tendo em vista que há somente o acesso à placa e aos pontos de teste. Sua aplicação é destinada a todos os aparelhos que fazem uso da tecnologia eMMC de armazenamento com Android até o 5, desde que não haja o emprego de criptografia por *container*. Seu uso com o tempo tornou-se limitado pela baixa velocidade de troca de dados e o maior número de pontos de acesso em relação ao seu predecessor, no caso, o acesso via ISP.

Placa-mãe do aparelho LG apresentando os pontos de teste JTAG na parte superior direita.
Fonte: Acervo do próprio autor Jorge.

Em resumo, as aplicações pertinentes a JTAG caíram em desuso no decorrer do tempo porque os aparelhos celulares adequados a tal prática não são mais utilizados nos dias de hoje, tendo em vista que eram em sua grande maioria de padrões TDMA e CDMA e uns poucos GSM. Contudo, sempre se faz necessária a formação do analista forense em práticas de tal natureza, pois não podemos ter a certeza de quando um aparelho celular danificado, por mais antigo que seja, poderá ser de alto valor a um processo de investigação.

Extração avançada por meio de intervenção eletrônica (ISP)

In-System Programming, ou ISP, se refere a uma técnica de programação e troca de dados entre dispositivos eletrônicos usando protocolos de baixo nível com velocidades maiores que JTAG. Pode ser aplicada a outros padrões de memória mais modernos além do eMMC[64], como EMCP[65] e UFS[66]. Com essa técnica o analista pode ler e escrever dados direto na memória do aparelho sem a intervenção do processador, como ocorre no JTAG.

Ressaltamos que esse método em questão requer habilidades eletrônicas do analista, além do uso de microscópio digital de boa qualidade para a execução do trabalho de microssolda. Ele é considerado de baixo grau destrutivo, tendo em vista que há somente o acesso à placa e aos pontos de teste. É empregado em aparelhos com Android até o 6 de forma direta, desde que não haja o emprego de criptografia por *container*, seja pela metodologia FBE ou FDE.

ISP Pinout	
TAP	Função
CMD	Comando de resposta ou entrada
DAT0	Dados de entrada ou saída
CLK	Relógio (frequência)
VCC	Voltagem do CORE (2.8/3.3 V)
VCCQ	Voltagem de leitura e escrita (1.8/3.3 V)
GND	Terra

Funções e os principais pontos de contato (microssolda) aplicados na técnica ISP.
Fonte: adaptado de Silveira et al. (2020).

Aspecto ampliado em mais de trinta mil vezes de um capacitor da placa de um aparelho celular onde foi usada microssolda ISP na base superior.
Fonte: acervo pessoal de fotos do autor Jorge.

---

[64] *Embedded Multimedia Card*. Representa a sigla na língua inglesa para Cartão Multimídia Embutido.
[65] *Embedded Multi-Chip Package*. Representa a sigla na língua inglesa para Pacotes de Múltiplos *Chips* Embutidos.
[66] *Universal Flash Storage*. Representa a sigla na língua inglesa para Formato Universal de Armazenamento em modo *flash*.

Aspecto de fiação de contato para microssolda (*jumper*) medindo 0,1mm de diâmetro (bitola), apropriado para execução de ISP.

Em continuidade ao tema, explicamos uma técnica derivada da ISP, chamada intervenção mista. Trata-se do que há de mais pragmático para dispositivos com Android 7, 8, 9, 10 e acima, protegidos por senha e configurações de segurança, compatíveis com FDE e FBE. Nessa abordagem, que vem a ser uma das mais modernas, o analista deve desmontar o aparelho com muita cautela (pois ele será utilizado ainda e não pode ser danificado), depois acessar os pontos de contato e realizar alterações ISP na partição de dados *persist* e nas demais que são as responsáveis pelo bloqueio de atualização de software e, por conseguinte, pelo bloqueio OEM[67] (*bootloader*). Feito isso, deve antes ter analisado com cautela a viabilidade do uso de uma *rom combination* adequada ao caso (seja para desviar o bloqueio de senha, seja para alcançar *root*), e que não faça uso do sistema de superusuário por meio do software Magisk[68], tendo em mente o fato de que esse meio para *root* requer em alguns casos a formatação do diretório *userdata*, o que para nossos estudos é mortal.

Em havendo o êxito, o aparelho pode ser preparado para as alterações necessárias com apenas uma intervenção ISP, não sendo preciso portanto usar a conexão USB por software (*flash*), visto que o analista já o tem com poderes de leitura e escrita. Vale lembrar que, além de não serem admitidos erros na desmontagem, pois o aparelho precisa ser religado, para fins de precauções forenses, o analista deve realizar uma extração binária física do sistema do aparelho e armazená-la com assinatura *hash* em local seguro, para fins de erros e/ou danos, podendo a qualquer tempo restaurar em sua plenitude o sistema original.

---

[67] *Original Equipment Manufacturer*. Sigla na língua inglesa para Equipamento Original do Facricante, sendo uma forma de garantir que o sistema de *boot* do aparelho está em seu modo de garantia de fábrica e não pode ser alterado.

[68] Software de conteúdo livre, visando alterar o sistema operacional Android para fins de obter poderes de *root*.

Extração avançada por meio de intervenção eletrônica (EDL[69])

De forma resumida, ao se colocar o aparelho nesse estado (EDL), há uma série de vantagens a serem exploradas pelo analista forense, mais especificamente em aparelhos que são dotados de processadores da família Qualcomm[70]. Antes de mostrarmos mais sobre essa modalidade, cabe explicar que temos dois formatos de induzir o modo EDL: um de natureza lógica, através de um cabo de dados USB específico, que pode ser comprado separadamente em lojas especializadas e/ou vir já como parte do *kit* de uma *box* de intervenção técnica. O segundo formato é de natureza física, por meio de uma microssolda no ponto de contato referente ao CLK[71] do processador e o segundo no ponto GND[72] (aterramento) na placa. A característica do EDL é montar o aparelho apresentando ao analista todas as estruturas de pastas nele contidas.

É importante ressaltar que em aparelhos dotados de criptografia por *container*, seja FDE ou FBE, não há que se falar em meio de descriptografia do aparelho sem o uso de ferramentas forenses proprietárias (UFED Touch2[73], Belkasof Evidence Center[74]), visto que o aparelho em formato protegido disponibiliza a partição *userdata* tal qual como se encontra, ou seja, protegida (encriptada). As ferramentas proprietárias de extração de dados fazem uso de vulnerabilidades específicas para conseguir uma imagem binária física não encriptada a partir do aparelho em modo EDL.

O êxito do acesso se dá com a instalação dos *drivers* necessários para a tecnologia Qualcomm e posteriormente com a conexão do ponto CLK do processador do aparelho a um ponto de aterramento. A placa deve ser conectada ao computador por meio de um cabo USB.

---

[69] *Emergency DownLoad mode*. Sigla na língua inglesa que representa Modo de *Download* de Emergência para aparelhos baseados em Android.

[70] Empresa de tecnologia que se destaca no cenário mundial como sendo uma das maiores fabricantes de *microchips* e processadores para aparelhos celulares.

[71] Termo na língua inglesa para denominar relógio do processador.

[72] Termo na língua inglesa para denominar aterramento ou terra.

[73] Conjunto de software/hardware de fabricação israelense, sendo líder na área de extração e processamento de dados de aparelhos celulares.

[74] Empresa de tecnologia de origem russa, estando em posição destaque no mercado de extração e processamento de dados em dispositivos móveis e computacionais.

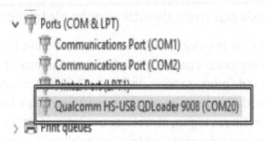

Drive EDL montado como um dispositivo em um ambiente do Windows.
Fonte: aparelho em modo EDL do acervo do próprio autor Jorge.

Após o êxito no choque interno (curto-circuito) aplicado ao relógio do processador, se empregou a ponta em forma de agulha de uma pinça curva para eletrônica. Este passou a operar em um método excepcional de emergência (EDL), abrindo todos os diretórios para o acesso à leitura/escrita do analista. Isso posto, trataremos da figura do *loader*[75], que nos é apresentado em forma de arquivo contendo um conjunto de dados do fabricante do dispositivo necessários e essenciais para que este venha a funcionar, tais como: *drivers*, bibliotecas, localização e tamanho de diretórios, registros, assinaturas de segurança, perfis e afins. Como veremos, não há como montar um hardware em EDL sem o respectivo *loader* adequado ao caso.

Aspecto de uma placa aberta de aparelho Xiaomi apresentando em destaque os *TAP points* para o modo EDL, podendo ser executado por meio de pinça metálica.
Fonte: acervo do autor Jorge.

---

[75] Termo na língua inglesa para denominar o arquivo que carrega todas as informações do aparelho para o modo EDL.

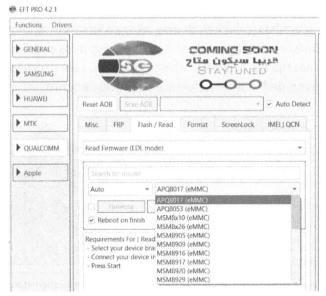

Aspecto da ferramenta de intervenção avançada EFT Pro 4.2.1 demonstrando o acesso EDL em diversos modelos de *loaders*, seja para armazenamento eMMC ou UFS.
Fonte: acervo pessoal do autor Jorge.

Por vezes, o analista forense consegue êxito nas configurações de pontos de microssolda para EDL, mas não encontra o arquivo de *loader* compatível, pelo fato de a empresa fabricante não o ter disponibilizado e/ou ser de um aparelho por vezes antigo. Como já dito, a *box* de intervenção disponibiliza uma grande quantidade de arquivos *loaders* de diversos fabricantes, que sempre são atualizados periodicamente. Contudo, sempre convém realizar pesquisas adicionais em fóruns de discussão e serviços técnicos de apoio a profissionais de reparos avançados como uma fonte extra de conhecimento e acesso a arquivos mais difíceis de ser encontrados.

Extração avançada por meio de remoção do *chip* (*chip-off*)

Conforme já tratado nesta obra, a técnica é considerada de elevado risco, havendo a necessidade de cuidados prévios para sua aplicação, visto que para o seu emprego efetivo deve ser aplicado calor de forma direta na placa do aparelho para a remoção do componente. Ela na verdade é o último recurso (ou em alguns casos o penúltimo) a ser empregado e não o primeiro. Se chegar a esse ponto, é porque as técnicas clássicas falharam, bem como as demais técnicas avançadas de menor risco, como *Flash*, JTAG, ISP etc.

Mais importante ainda frisar o fato de que a extração do *chip* visando a sua leitura física só cabe a aparelhos (celulares, drones, relógios inteligentes, centrais multimídia de veículos, televisores inteligentes etc.) que empregam os padrões eMMC ou UFS cujos dados armazenados estiverem abertos, ou seja, sem padrões de criptografia que impeçam o uso da ferramenta forense de processamento.

Microssolda (microleitura).	
Chip-off.	
ISP.	RISCO DIFICULDADE ↑
JTAG.	
Flash.	
Extração clássica por ferramenta forense.	
Extração manual.	

Tabela de perfis de riscos e grau de dificuldade em relação aos métodos de extração avançada.
Fonte: Homeland Security (2014).

Muitas agências norte-americanas fazem uso desta técnica. Em geral, as que mais se destacam são o FBI (polícia federal), a NSA[76] e a *Homeland Security*, ligada ao Departamento de Estado norte-americano e criada após os eventos do 11 de setembro de 2001.

Vestígio pós aplicação da técnica de *chip-off* (retirada da memória com emprego de calor).
Fonte: registro fotográfico de relatório produzido pelo autor Jorge acervo do MPRN/GAECO, sem identificação de caso, investigado, pessoa ou motivo.

---

[76] *National Security Agency*. Agência de segurança interna dos EUA.

Um dos maiores impulsionadores de tais estudos são as investigações antiterrorismo, tendo em vista que o aparelho celular é sem dúvida um dos principais meios de comunicação e/ou servem para acionar dispositivos explosivos nos casos de atentados terroristas. É de grande relevância para os investigadores forenses da cena do crime identificar o dispositivo detonador (celular CDMA ou TDMA). Este, por sua vez, era ativado por meio de SMS, visto que, se fossem extraídas informações relevantes do aparelho, seria possível determinar o local de acionamento do gatilho do explosivo, investigar em nome de quem este foi registrado, ter acesso a câmeras do local etc.

Considera-se *chip-off* (*chip* fora) **uma técnica avançada e destrutiva, que é aplicada por pessoa habilitada, com o uso de calor direto ou indireto por meio de ondas de radiação ou ar quente direcionado, para fins de extração de componente de memória em um dispositivo.**

O acesso às informações contidas no *chip* que foi extraído do aparelho alvo do processo de investigação é viabilizado por meio de adaptadores com padrão de acesso via porta USB, sendo o *chip* de memória do aparelho montado como um disco em um sistema operacional Windows ou Linux.

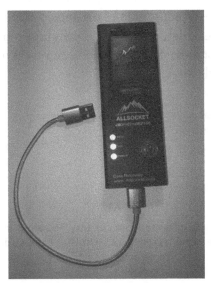

Aspecto do hardware adaptador leitor de memória sólida eMMC
por meio de conexão USB, fabricado pela empresa All Socket da China.
Fonte: acervo pessoal de ferramentas do autor Jorge.

Outra forma de acesso às informações seria com o emprego de uma *box* de intervenção avançada. Ela dispõe de um conjunto de adaptadores necessários para a correta interpretação dos dados e de ferramentas de extração binária das informações por meio de *logs* de segurança da operação.

Aspecto do conjunto da *box* de intervenção avançada Z3X Easy JTAG Plus,
que pode ser utilizada para extração por *chip-off* de até sete tipos de padrões de BGA[77] diferentes.
Fonte: propriedade do autor Jorge.

É importante ressaltar que o resultado da extração por *chip-off* é confiável, completo e estável. Se for realizado no aparelho *in vivo*, a cada nova extração ou tentativa os resultados de *hash* matemáticos serão diferentes no decorrer do tempo. Já na modalidade de extração, os resultados serão os mesmos, pois o *chip* não é inicializado ou executado, sendo esse e o método por ISP os mais próximos dos sistemas de extração binária de dados por meio de cópia forense, como era realizado na computação forense em sua forma clássica.

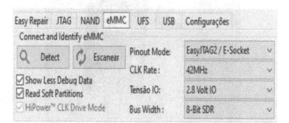

Aspecto da tela do software da *box* Z3X Easy JTAG profissional para leitura
e interpretação de memórias eMMC, UFS e NAND[78] por meio da extração do *chip*.
Fonte: acervo do autor Jorge.

---

[77] *Ball Grid Array*. Conjunto de microesferas (bolas finas) confeccionadas em estanho, as quais servem de contato entre os pontos de teste (*taps*) das memórias de estado sólido eMMC e a placa do aparelho celular, possibilitando a troca de informações para fins de leitura e escrita de dados.
[78] Circuito de memória em estado sólido, similar ao padrão eMMC, empregado de forma exclusiva em aparelhos padrão iOS da empresa Apple.

O que é extração avançada e seus fundamentos dentro das ciências forenses

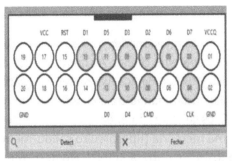

Aspecto da tela do software da *box* Z3X Easy JTAG mostrando a conexão de todos os pontos com êxito.
Fonte: acervo do autor Jorge.

Aspecto da tela do software da *box* Z3X Easy JTAG com o reconhecimento
e 18 partições da memória com êxito.
Fonte: acervo do autor Jorge.

Aspecto da tela do software da *box* Z3X Easy JTAG onde está sendo executada
a extração binária do conteúdo do *chip* para posterior processamento.
Fonte: acervo do autor Jorge.

Conhecendo os padrões de memória sólida e suas características

Vamos agora tratar de temas relacionados ao sistema de armazenamento de dados em forma permanente no aparelho celular. Ao contrário dos computadores que possuem dois hardwares distintos (um dedicado à memória volátil ou memória de acesso randômico e outro para o armazenamento, que pode ser um disco eletromecânico ou um disco padrão SSD[79]), os celulares possuem somente uma estrutura que executa as duas funções, sendo uma memória (tipo circuito sólido/memória em estado sólido) com parte dedicada à RAM[80] e outra à ROM[81]. No decorrer do tempo, os formatos de *chip* de memória de armazenamento foram evoluindo tanto em relação a sua capacidade de armazenamento e finalidade de uso como em termos de velocidade de escrita e leitura.

A memória eMMC

A sigla representa o termo em inglês *Embedded Multimedia Card*, que significa cartão de multimídia incorporado (embutido). As microesferas que estão situadas na parte inferior e fazem contato com a placa do celular são as partes que chamamos de FBGA[82], onde cada formato possui um código específico que vamos conhecer no decorrer deste tópico. Hoje as aplicações da eMMC são diversas, como em drones, relógios inteligentes, GPS, televisores inteligentes, *notebooks*, máquinas industriais e robôs. A eMMC possui diversas versões, a depender do seu ano de fabricação e incorporação. Em geral, as mais lentas são as fabricadas entre 2010 e 2013 e as mais velozes as que foram fabricadas após 2013. Alguns exemplos de padrões eMMC são: 4.4 (com velocidade de leitura de 104 MB/s); 4.5 (com velocidade de leitura de 200 MB/s); 5.0 (com velocidade de leitura de 400 MB/s); e 5.1 (com velocidade de leitura de 600 MB/s). É importante lembrar que essa velocidade não é I/O[83] (troca entre o leitor e o hardware para imagem binária); na verdade, é a capacidade de leitura escrita de dados entre o sistema operacional do aparelho e o hardware.

---

[79] *Solid-State Drive.* Significa unidade de memória em estado sólido.
[80] *Random-Access Memory.* Significa memória volátil de acesso randômico.
[81] *Read-Only Memory.* Significa memória de somente leitura.
[82] *Fine Ball Gray Array.* Em português, arremesso de bola fina.
[83] *Input/Output.* Sigla em inglês para entrada e saída.

A memória UFS

Sua forma mais conhecida entre nós são os hardwares SD, MMC e Micro SD – este último foi o líder de expansão de memória nos aparelhos celulares. Os padrões UFS ultrapassaram a capacidade eMMC, sendo hoje utilizados não mais como auxiliares no armazenamento, mas como armazenamento interno principal. Em 2018 a empresa Samsung lançou o padrão eUFS[84], capaz de armazenar 512 GB de informação em um *chip* para aparelho celular. O padrão antigo UFS 2.0, lançado em 2014, ainda é mais veloz que o atual padrão eMMC 5.1.

Para a perfeita execução do processo de extração, o analista responsável deve realizar o trabalho, de natureza 100% artesanal, com aplicação de calor. Na primeira fase estudamos e protegemos os locais que receberão o calor advindo da estação de retrabalho[85]. Dentro de tais estudos, devemos logo de início identificar o padrão do BGA que será alvo do procedimento e assegurar que, ao final do processo, teremos o respectivo padrão de adaptador que se enquadre na peça.

Neste volume, não iremos nos aprofundar em materiais, escalas de calor e métodos, pois estes e outros temas serão detalhados a fundo no volume 2 em breve. Mas podemos aqui demonstrar alguns padrões de memórias para extração e respectivo tratamento que deve ser dado a cada uma delas.

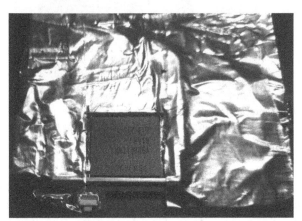

Aspecto da placa-mãe de aparelho celular, já preparada com fita de proteção térmica tipo prateada, deixando somente aberta a área de calor da eMMC.
Fonte: acervo pessoal do autor Jorge.

---

[84] *Embedded Universal Flash Storage.*
[85] O termo define uma estrutura física que pode ser dotada de soprador de calor e ferro de solda ou somente soprador de calor, com funcionamento à base de eletricidade, sendo empregada para intervenções técnicas denominadas de retrabalho em placas de celulares e demais eletrônicos.

Apresentação da placa após a extração da memória eMMC, não havendo danos colaterais à placa do aparelho, tendo em vista a necessidade de preservação da peça.
Fonte: acervo do autor Jorge.

Apresentação da memória eMMC extraída, havendo uma camada de resina utilizada como cola para fixação na placa.
Fonte: acervo do autor Jorge.

Após a extração por meio da aplicação de calor, o analista deve proceder com a limpeza química da peça, polimento para extração da resina e análise e verificação de curtos-circuitos nos pontos de contato de estanho. Deve também checar se há necessidade de reconstrução das esferas com banho de estanho e/ou aplicação de novas esferas de contato para assim então chegar ao estado final desejado: leitura e extração das informações.

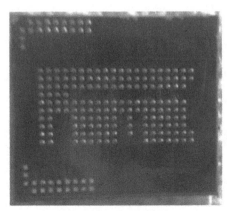

Apresentação do estado final da peça já tratada e apta para o processo de extração.
Fonte: acerto do autor Jorge.

O processo de extração por microleitura

O processo de extração por microleitura está muito distante da realidade das forças da lei de nosso país. Tal processo consiste no estudo minucioso da peça danificada com equipamentos de raio X. O resultado pode diagnosticar pontos específicos que tenham se rompido do ambiente analisado, havendo um novo processo de raspagem e aprofundamento da visão da camada de circuitos da peça. Resguardando-se as devidas proporções, tal técnica se equipara a uma cirurgia cerebral.

A empresa líder mundial na técnica de microleitura e recuperação de dados Rusolut, que tem a sua base na Polônia e representação na Europa e América do Norte, é a desenvolvedora do único software profissional de extração de dados em dispositivos com esse nível de dano físico.

5. Fundamentação legal para extração avançada e aplicação das normas de cadeia de custódia

O impedimento ao acesso lícito e ético às informações armazenadas em um aparelho apreendido por ordem judicial em procedimento de investigação gera sem sombra de dúvidas uma grave perda da capacidade dos órgãos de investigação judicial como um todo, principalmente em crimes de natureza grave, tais como: narcotráfico, organização criminosa, abuso sexual infantil, fraudes de diversos tipos contra o poder público, corrupção etc. Portanto, os resultados dessas análises, que são provas de ordem científica e de elevado valor, ficariam afastados de qualquer apreciação do Poder Judiciário.

Como remédio para evitar tais situações, devemos fazer uso de determinação judicial fundamentada e dentro dos parâmetros de qualidade, boas práticas e preceitos operacionais da lei federal nº 13.964, de 2019, para que então possamos realizar de forma legal e ética as diligências técnicas pertinentes aos métodos de extração avançada.

Dos fundamentos em ciências forenses

Cabe aqui mencionar o cientista forense francês Edmond Locard, que, em 1932, em sua obra *Traité de Criminalistique*, elaborou a tese até hoje empregada nos meios de investigação forense (inclusive tecnológica) de que o criminoso sempre leva algo do meio (local do delito) e/ou da vítima com ele. Igualmente, a vítima do crime e/ou o ambiente (local do delito) ficam com algo que pertence ou liga ao criminoso. Aceita e eficácia do teorema, passaram todas as agências de investigação a cuidar ao máximo e optar pela menor interferência no ambiente investigado, visando não serem trocados vestígios dos investigadores com os da cena do crime e/ou da vítima. No âmbito atual, mais precisamente da computação forense, o investigador opera os vestígios por meio de travas de proteção contra escrita e manuseia uma cópia binária (*bit* a *bit*) dos dados do computador investigado, evitando alterar o estado de coisas no local do crime tecnológico. Esse regramento sofreu forte impacto e posterior modificação ao ser trazido para dentro do âmbito da análise forense em dispositivos móveis. A realidade é que não é possível, seja em qualquer marca ou modelo de aparelho, efetuar uma extração de dados por meio da metodologia "post mortem" (com o aparelho desligado).

Isso porque, para extrair os dados de forma clássica por meio de ferramentas forenses modernas o aparelho deve estar em pleno funcionamento de seu sistema operacional e, portanto, ligado. Como consequência, a cada inicialização do aparelho teremos naturais alterações dos seus sistemas como um todo – portanto, havendo a interação e alteração do estado de coisas entre o perito e o ambiente, como previa Locard. Trazemos um exemplo fictício à análise e discussão: no caso da necessidade de extração de corpos físicos de seres humanos vivos e/ou mortos, para fins do exame forense adequado. Em casos dessa natureza, a técnica utilizada há séculos, por meio de cirurgia levada a efeito por médico legista especializado, faz uso de métodos invasivos necessários para o acesso ao corpo de uma vítima de homicídio, por exemplo, para dele extrair projétil(eis) de armas de fogo, visando a sua posterior utilização em exames de confronto balístico. A ciência forense, de forma semelhante, também necessita de técnicas mais invasivas e/ou destrutivas para produzir prova técnica material qualificada, através de pessoal e métodos qualificados.

Cito outro exemplo de exame de natureza forense com extremo grau invasivo do ponto de vista psicológico e físico: a necessidade de coleta de material genético em uma vítima de crime sexual, sendo necessário e obrigatório o exame nas partes íntimas da vítima visando constatar o ato sexual violento. Há também a necessidade da coleta de demais materiais que podem ter sido armazenados em fios de cabelo e embaixo das unhas no caso de a vítima ter entrado em luta corporal com seu agressor. Resta, portanto, a certeza de que tais formas de exame técnico-científico levam a vítima a momentos de grande constrangimento e dor psíquica após ter sofrido diversos tipos de violência. Contudo, sem a comprovação e os exames de confronto de material genético, a investigação pode se enfraquecer e a posterior condenação dos culpados pode ser comprometida.

O procedimento de coleta

Antes do advento da lei federal de 2019, que sistematizou a cadeia de custódia legal, a palavra coleta, em sua acepção para fins forenses, era empregada para se referir ao conteúdo extraído do interior de aparelhos celulares objetos de diligências técnico-científicas ou para fins periciais.

Conforme a nova ordem legal, temos no Capítulo II do CPP, em seu parágrafo terceiro, inciso IV: (...) **coleta: ato de recolher o vestígio que será submetido à análise pericial, respeitando suas características e natureza.**

Portanto, a palavra coleta está, sem sombra de dúvidas, relacionada ao ato humano de retirar o vestígio, em nosso caso de estudo um dispositivo móvel, seja ele da cena do crime, do local de busca e apreensão e/ou mesmo da diligência de prisão em flagrante delito. O ânimo da legislação já determina que a coleta seja realizada com os cuidados forenses e suas melhores práticas. Inclusive trataremos do ponto logo em seguida, que seria o acondicionamento em local adequado e posterior lacre do objeto.

O acondicionamento, previsto no inciso V, diz: (...) **procedimento por meio do qual cada vestígio coletado é embalado de forma individualizada, de acordo com suas características físicas, químicas e biológicas, para posterior análise, com anotação da data, hora e nome de quem realizou a coleta e o acondicionamento.**(...) Dessa forma, temos como cristalina a necessidade de adequar o material do vestígio ao suporte de armazenamento. Como tratamos de forma específica de um aparelho eletrônico, podemos acondicioná-lo em materiais plásticos e/ou mesmo em caixas de papelão, desde que, como afirmado na lei, isso não afete as características do vestígio.

Padrão de caixa com base em papelão para acondicionamento
de aparelhos celulares objetos de investigação técnico-científica.
Fonte: acervo de fotografias do autor Jorge.

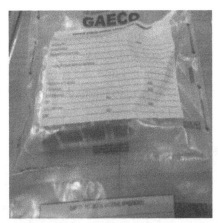
Padrão de saco plástico para acondicionamento de aparelhos
celulares objetos de investigação técnico-científica.
Fonte: acervo de divulgação do GAECO do estado do Mato Grosso.

O procedimento de lacre

Da mesma forma que na computação forense clássica, quando fazemos uso de pares de chaves matemáticas para lacre de imagens binárias, o lacre físico nos garante que o local de acondicionamento não fora violado, havendo o devido acompanhamento do vestígio e a preservação dos lacres no interior do depósito para comprovação de abertura e novo lacre, bem como dos registros destes fatos na ficha de controle de vestígios (evidências).

O artigo 158-D da lei federal do sistema de cadeia de custódia diz: (...) **O recipiente para acondicionamento do vestígio será determinado pela natureza do material.** Fica claro, portanto, que materiais como plástico e papelão são adequados ao armazenamento de aparelhos celulares.

§ 1º Todos os recipientes deverão ser selados com lacres, com numeração individualizada, de forma a garantir a inviolabilidade e a idoneidade do vestígio durante o transporte. A numeração individualizada deve, ao nosso ver, ser criada de forma automática e gravada no lacre. A depender da forma de uso e do armazenamento, ela pode conter somente números ou letras e números, para um tempo de maior duração.

§ 2º O recipiente deverá individualizar o vestígio, preservar suas características, impedir contaminação e vazamento, ter grau de resistência adequado e espaço para registro de informações sobre seu conteúdo. Verifica-se que os recipientes para aparelhos celulares são aptos a salvaguardar o material sem os riscos de conta-

86 Extração forense avançada de dados em dispositivos móveis

minação deste. A individualização se dá com a utilização de um único lacre para um vestígio, que, por sua vez, faz uso de um envelope, caixa ou saco plástico. Mais ainda, visando a um registro efetivo único e eficaz, o vestígio recebe um código alfanumérico formado por uma letra e quatro dígitos que são subsequentes, sempre crescentes e não repetidos. O código de identificação é colado na face do vestígio em lugar que não impeça nem dificulte a análise.

Etiqueta adesiva com número de identificação de evidência para ser colada ao vestígio quando do seu cadastro e lacre. Padrão desenvolvido e utilizado pelo LABFOR e GAECO MPRN.
Fonte: acervo GAECO MPRN.

§ 3º O recipiente só poderá ser aberto pelo perito que vai proceder à análise e, motivadamente, por pessoa autorizada. O parágrafo representa um dos temas debatidos nesta obra. A última parte da letra da lei deixa claro que o invólucro poderá ser aberto por motivo justificado, sendo este motivo, a nosso ver, o cumprimento de ordem judicial válida para ter acesso ao vestígio e realizar a extração dos dados. Tal autorização de acesso pode ser dada a um órgão ou entidade como o Ministério Público, por exemplo, para que seus especialistas possam, a partir da autorização judicial, praticar o ato técnico-científico de forma plena.

§ 4º Após cada rompimento de lacre, deve se fazer constar na ficha de acompanhamento de vestígio o nome e a matrícula do responsável, a data, o local, a finalidade, bem como as informações referentes ao novo lacre utilizado. O texto do parágrafo reflete de forma plena o que se faz constar em ficha de controle de evidência, onde, além das informações já tidas como padrão legal, ainda temos o registro do número de caso ao qual está ligado o vestígio e o número de procedimento, seja oriundo do MP, da Polícia Judiciária ou mesmo da Justiça.

§ 5º O lacre rompido deverá ser acondicionado no interior do novo recipiente. O espírito da letra legal está fundamentado em uma forma de se garantir a continuidade da custódia. Os lacres antecedentes ligados ao vestígio são armazenados no interior do mesmo recipiente visando comprovar uma continuidade de cada ato de abertura, exame e posterior lacre. Essa é mais uma forma de garantia de idoneidade do processo.

O procedimento de transporte

É certo pensar que, após a coleta, o vestígio precisa ser levado do lugar dos fatos à sede de um laboratório forense visando ao seu processamento. Ao final, deve ser registrado e depositado em uma sala de custódia de evidências. No âmbito do laboratório forense do GAECO MPRN, foi suprido tal requisito tendo como base a necessidade de manutenção da custódia em todos os momentos desde a coleta. Como nem sempre a equipe de agentes da lei que participou da coleta no local do crime é a mesma que realizou o encaminhamento e a entrega no local de processamento, foi desenvolvida e aplicada uma certidão de transporte de vestígios que explica de forma detalhada como e por quem se deu o transporte até o local de processamento ou armazenamento final.

O procedimento de transferência para outras diligências

No artigo 158-D do CPP, nos seus parágrafos terceiro, quarto e quinto, aqui já explanados, restou clara a necessidade de uma série de registros que garantam a correta custódia. Contudo, tanto no que se refere a casos cíveis como em casos criminais, os peritos não detêm todas as ferramentas e conhecimentos necessários aos processos de natureza avançada, tais como quebra de senhas, aparelhos atingidos e danificados pelo fogo ou projéteis de armas de fogo, procedimentos estes que por vezes são executados em outros estados e/ou mesmo em outros países, restando a preocupação de se manter a legalidade do feito e a dúvida de como proceder. Para tanto, e visando uma melhor conotação do caso aqui tratado, vamos nos basear na inteligência do artigo 158-E no seu parágrafo terceiro, que diz: (...) **§ 3º Todas as pessoas que tiverem acesso ao vestígio armazenado deverão ser identificadas e deverão ser registradas a data e hora do acesso.**

Isso posto, deve a Autoridade do caso proceder e cuidar para que haja uma ordem judicial válida e competente que autorize a execução do feito – mais ainda, que ela dê o consentimento legal para que terceiros da iniciativa privada, e, portanto, fora do ecossistema de agentes da lei, possam ter acesso à evidência para fins de desbloqueio e/ou extração avançada de dados. Tais precauções devem ser operadas com a continuidade do preenchimento da ficha da cadeia de custódia, os respectivos registros, a certidão de transporte e os lacres e relacres necessários ao caso. A nosso ver, a não obediência a esses preceitos legais pode acarretar, e com o tempo as decisões irão corroborar, o envenenamento total do processo de confiança na cadeia de cuidados forenses. Se estes não forem observados, pode ocorrer a invalidação daquele vestígio como prova em processo pelo mau uso e/ou manuseio técnico-científico indevido.

6. Métodos básicos de identificação e triagem de vestígios aplicados à extração avançada em dispositivos móveis

Identificando o vestígio e analisando, planejando e executando estratégias

Já foi objeto de farta discussão nesta obra a falsa tese de que os aparelhos são simplesmente submetidos por conexão ao hardware forense e este por si só realiza, como um toque de mágica, o processo de extração.

Não é possível a realização com êxito de qualquer tipo de extração (seja clássica ou avançada) se em conjunto não houver uma clara classificação do software e do hardware do vestígio, suas fragilidades e processos aos quais estes podem ser submetidos.

Para auxiliar o processo decisório, vamos tecer algumas considerações sobre cada ação a ser tomada. Podemos discernir as seguintes premissas:

Ação	Potencialidade
Análise e testes das condições gerais de funcionamento do aparelho.	Gera informações relevantes ao processo decisório visando a escolha entre reparo para extração clássica e/ou intervenção avançada.
Análise do modelo comercial.	Gera informações relevantes, mas não informa a versão de binário do sistema operacional. Dá acesso ao tipo de processador.
Análise do modelo industrial.	Gera informações relevantes, como a versão exata do sistema operacional e o binário. Dá acesso ao tipo de processador.
Constatar com precisão o sistema operacional e seu binário.	Determina a viabilidade do uso de técnica padrão *flash* para quebra de barreira criptográfica.
Constatar com precisão o sistema operacional e seu binário.	Determina a viabilidade do uso de técnica padrão *flash* para obter *root*.

Fundamentação legal para extração avançada e aplicação das normas de cadeia de custódia **89**

Ação	Potencialidade
Análise da capacidade de armazenamento.	Determina a capacidade de operar com ou sem criptografia por *container*.
Análise da capacidade de armazenamento.	Determina o tipo de memória de armazenamento permanente, se por acaso eMMC ou UFS.
Análise do padrão de proteção por senha.	Determina, em conjunto com as informações anteriores, se a forma de criptografia utilizada é FDE ou FBE.
Análise do tipo de processador.	Determina a capacidade de operar ISP ou EDL.
Análise da versão do aparelho LG.	Determinar a viabilidade direta do uso do protocolo LAF[88] sem criptografia.
Análise do processador Mediatek.	Determinar a viabilidade do uso da técnica de extração direta em modo *preloader*.

O quadro resumo apresentado reúne uma série de conhecimentos visitados no desenvolvimento dos capítulos anteriores. Ele somente reforça a tese da necessidade de o analista forense deter um visão ampla dos aspectos da eletrônica digital, associada a sistemas operacionais e suas arquiteturas, inclusive a de processadores.

De forma simplificada, a escolha da técnica pelo modelo padrão do aparelho pode, em alguns casos, nos conduzir a um processo equivocado, e/ou a uma extração física, mas de forma encriptada. Porém, se o perito (analista) aplicar um pouco mais de esforço e pesquisa ao caso, ele pode concluir que há outros métodos para o acesso a uma extração física sem criptografia ou mesmo para o rompimento da senha de acesso.

Conforme mencionado anteriormente, desenvolvemos essa breve discussão em forma de tabela para evidenciar que o analista deve dominar o todo (os processos e meios), para então discernir sobre o como (metodologia). Por vezes, e com o avanço tecnológico, serão raros os casos de uso direto de uma só técnica, e será cada vez mais comum o uso de técnicas e processos combinados.

---

[86] *LG Advanced Flash*. Protocolo de comunicação de portas para troca de dados (leitura e escrita) particular dos aparelhos fabricados pela empresa LG, sendo similar ao processo tecnológico EDL da empresa Samsung.

7. Modelo de termo de referência para a execução do processo de compra de um laboratório de extração avançada

As metodologias de aquisição do laboratório avançado de extração

Resta claro que dentro do poder público será muito rara e difícil a autorização de aquisição direta dos materiais que compõem o laboratório avançado, seja por conta do valor ou de como cada ente público opera. As principais opções podem ser: ata de registro de preços para posterior classificação e compra; processo licitatório on--line por meio de lances; processo licitatório por meio de propostas por escrito; carta convite; processo licitatório simplificado; compras fracionadas de menor valor por meio de dispensa de licitação; e, por fim, e o mais raro, a autorização para compras com uso de cartão corporativo (débito ou crédito).

A dificuldade para montagem da estrutura ocorre porque o poder público não prevê com clareza e/ou facilidade a compra de bens e serviços advindos do exterior, visto que os materiais ligados ao laboratório são em sua esmagadora maioria advindos de países como a China. Apesar de compras on-line de tais materiais trazerem benefícios financeiros ao ente público sob a ótica do menor preço, precisamos levar em consideração questões fiscais e termos de garantia legal que não se aplicam com facilidade a fornecedores internacionais que não tenham a sua representação no Brasil.

As lojas de manutenção, ferramentaria e reparo de celulares estabelecidas de forma física no Brasil podem fornecer tais produtos, o que facilita muito o processo de orçamento para o dimensionamento do valor a ser garantido dentro do limite de gastos e projetos de compras do setor ao qual o laboratório está ligado. Contudo, por experiência própria, vale aqui ressaltar que estas não são tão abertas ao processo licitatório e/ou ao regramento contratual rígido do poder público, tendo em vista que são necessários vários documentos e são previstas multas em casos de descumprimentos. O comércio desses materiais é voltado para técnicos de médio e pequeno porte, com o giro comercial imediato e pagamento realizado de forma simples e sem maiores burocracias.

Em nosso segundo volume, vamos apresentar todo o conjunto de pesquisas na área comercial, listando as empresas que podem ser consultadas para orçamento e compra, e as empresas que, ao perceberem a necessidade desses novos produtos na esfera pública, criaram um laboratório completo para ser vendido e entregue como produto único. Vamos também listar por completo todas as especificações técnicas e fornecedores, visando auxiliar o processo de aquisição.

No andamento do nosso trabalho de pesquisa, percebemos que fatores externos influenciam na tomada dos preços e custos, dentre eles o valor do câmbio do dólar americano, que vem se valorizando de forma constante e trazendo consigo a alta dos custos de materiais importados. Outro fator advém de custos indiretos que os operadores do comércio da área embutem no produto, tais como o custo por multas, o tempo exíguo para substituição de peças e/ou o atendimento a chamados técnicos. Portanto, resta claro que não enxergamos a curto prazo a aplicação do preço de balcão ofertado ao consumidor final sendo aplicado ao poder público.

O modelo do termo de referência

Dentro do fluxo do processo de compras públicas o termo de referência é um documento de extrema importância e que serve para tomada de decisão quando da aquisição de bens e serviços. Ele pode e deve relatar toda uma justificativa legal e administrativa dos ganhos e necessidades do dispêndio financeiro pelo ente público no tocante à compra de determinado bem.

Traçamos aqui um conjunto de diretrizes básicas que podem ser empregadas para nortear o processo de escrita do seu termo de referência, sendo, é claro, obedecidas as devidas orientações e proposições legais e administrativas que são inerentes a cada órgão, e, portanto, diferentes entre si.

1 OBJETO

1.1 Aquisição mediante processo licitatório de equipamentos para estruturação de um laboratório de extração avançada de dados em dispositivos móveis do (informar o órgão beneficiado).

2 JUSTIFICATIVA

2.1 (informe o órgão beneficiado) presta serviço técnico especializado de apoio na área de perícia forense ao seu corpo interno e a diversas instituições (forças da lei), dentre elas podemos citar (cite todas).

De forma particular, no ano de 2018, foi idealizada e implementada com êxito uma pesquisa levada a efeito pelo .... que comprovou a eficácia de metodologias de extração de dados por meio de dispositivos denominados de *box* (caixa de manutenção) voltados ao conserto e à intervenção técnica em aparelhos celulares padrão *smartphone*. Já foram exitosas as ações de desbloqueio e extração de dados com o emprego de tais dispositivos em vestígios de crimes em apuração, bem como em casos de investigação contra organizações criminosas. Podemos ressaltar que o .... desponta hoje como uma referência no Brasil sobre esse tema, sendo o único Grupo Especial a manter um quadro técnico especializado no uso de tais equipamentos, com capacidade para operá-los no formato dos padrões de polícias norte-americanas e europeias.

A aquisição do conjunto de equipamentos para a estruturação formal do laboratório de extração avançada de dados em telefonia móvel representa um elevado grau de avanço em sua capacidade de prover as respostas necessárias aos crimes de natureza grave que ocorrem na sociedade. O acesso a provas armazenadas em dispositivos *smartphones* é imprescindível, e em sua grande maioria tais casos necessitam do auxílio técnico-científico do laboratório. Antes, o impedimento legal à aquisição de tais equipamentos se concentrava no fato de que estes não eram comercializados no Brasil, sendo consumidos apenas por meio de importação direta de técnicos e peritos especialistas. Hoje, com a crescente realidade de seu uso, têm-se empresas fornecedoras e importadoras nacionais que comercializam os produtos necessários no território nacional, havendo total garantia de preço, prazo, suporte e operacionalidade de transação com o poder público.

3 ESPECIFICAÇÕES DO OBJETO
Item: 1

Objeto: componentes para a estruturação de um laboratório de extração avançada de dados em dispositivos móveis. (a partir desse ponto serão inseridos todos os equipamentos e especificações necessárias à montagem do laboratório).

4 RESULTADOS ESPERADOS
4.1 Elevar em 80% a capacidade de extração de informações em dispositivos móveis por meio de técnicas de extração avançada de dados.

5 VALOR ESTIMADO DA CONTRATAÇÃO
5.1 O valor estimado é de (especificar o valor com base nas pesquisas de preço).

6 MÉTODO DE SELEÇÃO E CRITÉRIO DE AVALIAÇÃO
6.1 Sugere-se a contratação por meio de (informe o método).

7 DOTAÇÃO ORÇAMENTÁRIA
7.1 A Dotação orçamentária será informada em momento oportuno.

8 ESTRATÉGIA DE SUPRIMENTO
8.1 A presente aquisição não requer estratégia de suprimento, bastando a aquisição e o recebimento final do produto, conforme item 10 deste TR.

9 PRAZOS E CONDIÇÕES DE ENTREGA OU DE EXECUÇÃO
9.1 O prazo de entrega será de no máximo 60 dias, contados a partir da data de entrega da autorização de compra ou documento equivalente.

9.2 Os equipamentos deverão ser entregues no (especifique o local de entrega).

9.3 Os equipamentos deverão ser entregues embalados e acondicionados de forma a assegurar sua integridade e seu perfeito estado.

9.4 A entrega do equipamento deve conter todos os componentes integrantes da autorização de compra ou documento equivalente, não sendo aceitas entregas parciais ou fracionadas.

10 FORMA DE ACOMPANHAMENTO DO CONTRATO
10.1 Todos os serviços, incluindo entrega e garantia, constantes deste termo de referência, deverão ser acompanhados pelo servidor (informe os dados) lotado (informe os dados), com autoridade para exercer toda e qualquer ação de orientação geral e controle dos serviços, ficando a gestão do contrato a cargo do (informe os dados).

10.2 O recebimento do objeto será atestado pelo fiscal do contrato.

11 CONDIÇÕES DE RECEBIMENTO

11.1 Os produtos serão recebidos pelo setor de suprimentos, de acordo com norma interna da (informe o órgão) da seguinte forma:

11.1.1 Provisoriamente, no ato da entrega, para efeito de posterior verificação de sua conformidade com as condições da contratação; e

11.1.2 Definitivamente, contado da apresentação da nota fiscal ou documento equivalente, nos seguintes prazos:

11.1.2.1 até três dias úteis, para as despesas cujo valor da contratação não ultrapasse a quantia de R$ (informe o valor);

11.1.2.2 até 15 dias corridos, para as despesas cujo valor da contratação seja superior ao valor previsto no inciso anterior.

11.2 No caso de os produtos serem entregues em desconformidade com a autorização de compra/serviço ou documento equivalente, eles deverão ser substituídos, no prazo máximo de 15 dias corridos, contados do recebimento da recusa pela CONTRATADA, correndo às expensas da CONTRATADA quaisquer custos advindos da substituição.

11.3 Os equipamentos deverão ser entregues no (informe o local).

11.4 Os equipamentos deverão ser entregues embalados e acondicionados de forma a assegurar sua integridade e seu perfeito estado.

11.5 A entrega do equipamento deve conter todos os componentes integrantes da ordem de compra, não sendo aceitas entregas parciais ou fracionadas.

12 CONDIÇÕES E PRAZOS PARA PAGAMENTO

12.1 O pagamento será efetuado em parcela única observando-se os seguintes prazos:

12.1.1 Em até cinco dias úteis, contados da data da apresentação da nota fiscal, fatura ou documento equivalente, para produtos cujo valor total do contrato não ultrapasse o limite de R$ (informe o valor);

12.1.2 Em até 30 dias, contados do recebimento definitivo, para produtos cujo valor total do contrato ultrapasse o limite estabelecido no item anterior.

12.2 O pagamento será realizado por meio de ordem bancária, creditada na conta corrente do fornecedor.

12.3 Será considerada a data do pagamento o dia que constar como emitida a ordem bancária para pagamento.

12.4 O valor dos encargos será calculado pela fórmula: AF = I x N x VP, onde: AF = Atualização Financeira devida; N = Números de dias entre a data prevista para o pagamento e a do efetivo pagamento; I = Índice de compensação financeira = 0,00016438; e VP = Valor da prestação em atraso.

13 DEVERES E RESPONSABILIDADES DA CONTRATANTE

13.1 Solicitar o objeto contratado mediante expedição e entrega da autorização de compra e/ou ordem de execução de serviço e tudo o que se faça necessário para a consecução do objeto contratual conforme proposta apresentada pela CONTRATADA;

13.2 Efetuar os pagamentos dos equipamentos fornecidos e/ou dos serviços prestados pela CONTRATADA, de acordo com o prazo e a forma estabelecida neste instrumento;

13.3 Acompanhar e fiscalizar rigorosamente a execução do objeto do contrato, na forma prevista na Lei nº 8.666/93;

13.4 Instituir o Gestor/Fiscal do Contrato da CONTRATANTE, com a obrigação de coordenar, supervisionar e avaliar a execução do instrumento contratual;

13.5 A CONTRATANTE providenciará a sua conta, a publicação resumida do instrumento de contrato na imprensa oficial, que é condição indispensável para sua eficácia em atendimento ao parágrafo único do artigo 61 da Lei nº 8.666/93;

13.6 Comunicar formalmente qualquer anormalidade ocorrida na entrega dos equipamentos e/ou execução dos serviços pela CONTRATADA;

13.7 Certificar a boa prestação dos serviços e/ou entrega de equipamentos, verificando sempre o seu desempenho e/ou compatibilidade com o termo de referência.

14 DEVERES E RESPONSABILIDADES DA CONTRATADA

14.1 Atender às convocações da CONTRATANTE, cumprindo os prazos estipulados pela Administração em cada convocação, seja na hipótese de assinatura de contratos,

96 Extração forense avançada de dados em dispositivos móveis

aditivos, ou, ainda, retirada/recebimento de autorização de compra dentro do prazo de vigência contratual;

14.2 Ter plenas condições de prestar os serviços e/ou entregar o objeto estabelecido em contrato e/ou autorização de compra/ordem de execução de serviço expedida pela CONTRATANTE, atendendo a todas as condições de habilitação, qualificação, regularidade fiscal e trabalhista, fornecimento do objeto e demais exigências previstas no edital de licitação pelo valor resultante de sua proposta ou do lance que a tenha consagrado vencedora, conforme o caso;

14.3 Apresentar o preço do objeto contratual abrangendo todas as despesas, entre as quais destacam-se: impostos, taxas, fretes, seguros e demais encargos, de qualquer natureza, que se façam indispensáveis à perfeita execução do objeto, deduzidos os abatimentos eventualmente concedidos;

14.4 Submeter-se à fiscalização da CONTRATANTE na execução dos serviços/entrega do bem;

14.5 Providenciar a imediata correção de deficiências, falhas ou irregularidades constatadas pela CONTRATANTE na execução dos serviços/entrega do bem, no prazo de cinco dias após o recebimento do comunicado;

14.6 Solicitar, em tempo hábil, todas as informações necessárias para o cumprimento das obrigações contratuais, exceto aquelas que já forem de responsabilidade da CONTRATANTE;

14.7 Suportar a incidência de pena de natureza pecuniária (multas, juros e correção monetária), imposta por inobservância de qualquer obrigação contratual, desde que, comprovadamente, tenha lhe dado causa;

14.8 A CONTRATADA não poderá apresentar Nota Fiscal/Fatura com CNPJ diverso do registrado no certame licitatório e/ou na proposta de preço;

14.9 Os valores correspondentes a multas e compensações financeiras devidas pela CONTRATADA à CONTRATANTE poderão ser deduzidos do montante a pagar, nos termos a serem estabelecidos no edital de licitação.

15 QUALIFICAÇÃO TÉCNICA
15.1 (Escolher entre obrigar ou não a empresa a demonstrar qualificação técnica).

16 FISCALIZAÇÃO DOS SERVIÇOS

16.1 Todos os serviços constantes deste termo de referência deverão ser fiscalizados pelo ASSESSOR TÉCNICO DE PESQUISA E GESTÃO DA INFORMAÇÃO da CONTRATANTE, doravante denominado FISCALIZADOR, com autoridade para exercer em nome dela a fiscalização dos serviços. Na sua ausência, a fiscalização será feita pelo substituto imediato ou servidor designado pelo (informar o órgão).

17 GARANTIA E ASSISTÊNCIA TÉCNICA DOS EQUIPAMENTOS

17.1 Os objetos com garantia deverão dispor de garantia mínima de três meses, sendo que prevalecerá a garantia oferecida pelo fabricante, caso o prazo seja superior ao exigido, e começará a correr findo o prazo da garantia legal de que trata a Lei nº 8.078/1990, o qual se inicia a partir do recebimento definitivo.

17.2 Aplicam-se no que couber as disposições do Código de Proteção e Defesa do Consumidor, instituído pela Lei nº 8.078, de 11 de setembro de 1990.

17.3 Todas as peças, dispositivos ou mesmo unidades que forem substituídas durante o período de garantia terão, a partir de sua entrega, todas as garantias previstas.

17.4 Durante o período de garantia os atendimentos técnicos poderão ser realizados diretamente pelo fabricante ou por representante devidamente autorizado.

17.5 Toda e qualquer peça ou componente consertado ou substituído fica automaticamente garantido, no mínimo, até o final do prazo de garantia do objeto.

17.6 Todas as despesas com deslocamento e transporte de profissionais da assistência técnica e equipamentos deverão ser de responsabilidade da empresa CONTRATADA.

18 SANÇÕES ADMINISTRATIVAS

18.1 Aplicam-se as seguintes sanções administrativas nos casos de inadimplemento das obrigações contratuais, garantida a prévia defesa:

I – Advertência;
II – Multa nas seguintes condições:

a) 0,5% ao dia sobre o valor total da autorização de compra, no caso de atraso injustificado para entrega do produto, limitada a incidência de 30 dias;
b) 15% sobre o valor total da autorização de compra, em caso de inexecução parcial da obrigação assumida; e

98 Extração forense avançada de dados em dispositivos móveis

c) 30% sobre o valor total da autorização de compra, em caso de inexecução total da obrigação assumida.

III – Suspensão temporária de participação em licitação e impedimento de contratar com a Administração Pública por período não superior a 2 anos;
IV – Declaração de inidoneidade para licitar ou contratar com a Administração Pública, enquanto perdurarem os motivos determinantes da punição ou até que seja promovida a reabilitação perante a própria autoridade que aplicou a penalidade. Esta será concedida sempre que o contratado ressarcir a Administração pelos prejuízos resultantes e após decorrido o prazo da sanção aplicada com base no item 18.1 – III.
V – Impedimento de licitar e contratar nos termos do art. 7º da Lei nº 10.520/2002.

18.2 O atraso na entrega de produto superior a 30 dias corridos caracteriza inexecução parcial ou total, conforme o caso.

18.3 As sanções previstas no item 18.1 – I, III, IV e V poderão ser aplicadas conjuntamente à do item 18.1 – II, facultada a defesa prévia do interessado, no respectivo processo.

18.4 Nos casos em que a entrega do produto ocorrer de forma fracionada, a multa prevista no item 18.1 – II incidirá apenas sobre a parcela que estiver em atraso.

18.5 As sanções previstas no item 18.1 – I, II poderão ser aplicadas pelo Gestor do Contrato.

18.6 A multa, aplicada após regular processo administrativo, será cobrada administrativamente, deduzindo-se do valor da nota fiscal/fatura, e, não sendo suficiente, será intimado o particular contratado para que efetue o pagamento mediante depósito na conta do MPRN, ou, ainda, quando for o caso, cobrado judicialmente.

18.7 Na contagem dos prazos para defesa prévia, recurso e pedido de reconsideração, excluir-se-á o dia do início e incluir-se-á o dia do vencimento.

18.8 Os prazos deverão se iniciar e vencer em dias de expediente da Administração contratante.

18.10 As penalidades aplicadas serão obrigatoriamente registradas no SICAF.

Local, data.

Assinaturas.

8. O QUE ESPERAR DO VOLUME 2

Aplicação prática do conhecimento

Nossa pesquisa não termina aqui: no volume 2 trataremos de um conjunto de conhecimentos especializados, agora sob a ênfase de um manual prático, com especificações técnicas, ferramentas, medidas, equipamentos, exercícios propostos e um suporte robusto de fotografias (vestígios) com o passo a passo no uso dos softwares e as metodologias empregadas a cada caso.

Dentre as temáticas relevantes, podemos citar a apresentação de um projeto completo para aquisição de um laboratório forense (peças e especificações), as metodologias de instalação, atualização, licenciamento e uso das caixas de intervenção avançada (*box*), novos métodos para busca e validação de *ROM combination*, seja para *bypass* de senha ou para *root*, em diversas distribuições de Android.

Apresentaremos estudos de casos para o processamento dos resultados das extrações em ferramentas de código aberto, dentre elas o IPAD e Autopsy.

Mostraremos métodos de licenciamento para as forças da lei de ferramentas aptas para a extração de dados de aplicações de mensageria instantânea por meio das técnicas de *downgrade* de software.

Por fim, esperamos ter contribuído com o desenvolvimento de novos conceitos e abordagens acerca do tema, e que você possa nos acompanhar na continuidade da construção de um conhecimento especializado nessa área.

Nós nos encontramos no volume 2.

Bibliografia

ARAS, V. B. et al. (orgs.) **Proteção de dados pessoais e investigação criminal.** Publicação eletrônica da Associação Nacional dos Procuradores da República, 3ª Câmara de Coordenação e Revisão. Brasília: ANPR, 2020. Disponível em: <http://www.anpr.org.br/images/2020/Livros/protecao_dados_pessoais_versao_eletronica.pdf>. Acesso em: 14 mar. 2022.

BARRETO, A.; WENDT, E.; CASELLI, G. **Investigação Digital em Fontes Abertas.** 2.ed. Rio de Janeiro: Brasport, 2017.

BONFIM, E. M. **Código de Processo Penal Anotado.** 4.ed. São Paulo: Saraiva, 2012.

BONFIM, E. M. **Curso de Processo Penal.** 13.ed. São Paulo: Saraiva, 2018.

BRASIL. **Constituição da República Federativa do Brasil de 1988.** Disponível em: <http://www.planalto.gov.br/ccivil_03/constituicao/constituicao.htm>. Acesso em: 04 mar. 2022.

BRASIL. **Decreto nº 1.655, de 03 de outubro de 1995.** Define a competência da Polícia Rodoviária Federal, e dá outras providências. Disponível em: <http://www.planalto.gov.br/ccivil_03/decreto/d1655.htm>. Acesso em: 04 mar. 2022.

BRASIL. **Decreto-lei nº 2.848, de 07 de dezembro de 1940.** Código Penal. Disponível em: <http://www.planalto.gov.br/ccivil_03/decreto-lei/del2848compilado.htm>. Acesso em: 04 mar. 2022.

BRASIL. **Decreto-lei nº 3.689, de 03 de outubro de 1941.** Código de Processo Penal. Disponível em: <http://www.planalto.gov.br/ccivil_03/decreto-lei/del3689.htm>. Acesso em: 04 mar. 2022.

BRASIL. **Lei nº 12.850, de 02 de agosto de 2013.** Define organização criminosa e dispõe sobre a investigação criminal, os meios de obtenção da prova, infrações penais correlatas e o procedimento criminal; altera o Decreto-Lei nº 2.848, de 07 de dezembro de 1940 (Código Penal); revoga a Lei nº 9.034, de 03 de maio de 1995; e dá outras providências. Disponível em: <http://www.planalto.gov.br/ccivil_03/_ato2011-2014/2013/lei/l12850.htm>. Acesso em: 04 mar. 2022.

BRASIL. **Lei nº 12.965, de 23 de abril de 2014.** Estabelece princípios, direitos e deveres para o uso da Internet no Brasil. Disponível em: <http://www.planalto.gov.br/ccivil_03/_ato2011-2014/2014/lei/l12965.htm>. Acesso em: 04 mar. 2022.

BRASIL. **Lei nº 13.105, de 16 de março de 2015.** Código de Processo Civil. Disponível em: <http://www.planalto.gov.br/ccivil_03/_ato2015-2018/2015/lei/l13105.htm>. Acesso em: 04 mar. 2022.

BRASIL. **Lei nº 7.210, de 11 de julho de 1984.** Institui a Lei de Execução Penal. Disponível em: <http://www.planalto.gov.br/ccivil_03/leis/l7210.htm>. Acesso em: 04 mar. 2022.

BRASIL. **Lei nº 9.099, de 26 de setembro de 1995.** Dispõe sobre os Juizados Especiais Cíveis e Criminais e dá outras providências. Disponível em: <http://www.planalto.gov.br/ccivil_03/leis/l9099.htm>. Acesso em: 04 mar. 2022.

BRASIL. **Lei nº 9.296, de 24 de julho de 1995.** Regulamenta o inciso XII, parte final, do art. 5º da Constituição Federal. Disponível em: <http://www.planalto.gov.br/ccivil_03/leis/l9296.htm>. Acesso em: 04 mar. 2022.

BRITO, A. **Direito Penal informático.** São Paulo: Saraiva, 2013.

CASSANTI, M. de O. **Crimes virtuais, vítimas reais.** Rio de Janeiro: Brasport, 2014.

CASTELLS, M. **Sociedade em Rede:** a era da informação: economia, sociedade e cultura. Vol. 1. São Paulo: Paz e Terra, 2013.

CORREA, G. T. **Aspectos jurídicos da internet.** São Paulo: Saraiva, 2010.

COSTA, M. A. S. **Computação Forense.** 3.ed. Campinas: Millenium, 2013.

CRESPO, M. X. de F. **Crimes digitais.** São Paulo: Saraiva, 2012.

CRUZ, D. da R. **Criminalidade informática:** tipificação penal das condutas ilícitas realizadas com cartões de crédito. São Paulo: Forense, 2006.

DEL MASSO, F. et al. **Marco Civil da internet:** Lei 12.965/2014. São Paulo: Revista dos Tribunais, 2014.

DOREA, L. E. C.; STUMVOLL, V. P.; QUINTELA, V. **Criminalística.** 3.ed. Campinas: Millenium, 2006.

ELEUTÉRIO, P. M. da S.; MACHADO, M. P. **Desvendando a Computação Forense.** São Paulo: Novatec. 2011.

FEITOSA, D. **Direito Processual Penal:** teoria, crítica e prática. 6.ed. Niterói: Impetus, 2009.

FERREIRA, E. L. de L. **Internet:** macrocriminalidade e jurisdição internacional. Curitiba: Juruá, 2007.

FILHO, A. S. et al. (coords.). **Direito & Internet IV:** Sistema de Proteção de Dados. São Paulo: Quartier Latin, 2019.

FIORILLO, C. A. P.; CONTE, C. P. **Crimes no meio ambiente digital.** São Paulo: Saraiva, 2013.

FONTES, E. **Segurança da Informação:** gestão e governança. E-book Kindle, 2020.

FRANÇA JÚNIOR, F. F. Da busca e apreensão por meio da rede mundial de computadores. **Revista Jurídica do Ministério Público do Estado do Rio Grande do Norte**, vol. 1, 2015, p. 201-223.

FRANCO, P. A. **LGPD – Lei Geral de Proteção de Dados Comentada.** Leme: Imperium, 2019.

GRECO, R. **Atividade Policial.** 11.ed. Niterói: Impetus, 2021.

HOMELAND SECURITY. **NIST Mobile Forensics Workshop and Webcast.** June 2014. Disponível em: <https://www.nist.gov/system/files/documents/forensics/2-Brothers-NIST-2014_Slides-23-Pages-2.pdf>. Acesso em: 04 mar. 2022.

INELLAS, G. C. Z. de. **Crimes na internet.** São Paulo: Juarez de Oliveira, 2004.

JESUS, D.; MILAGRE, J. A. **Manual de Crimes Informáticos.** São Paulo: Saraiva, 2016.

JORGE, H. (coord.). **Tratado de Investigação Criminal Tecnológica.** Salvador: JusPodivm, 2020.

JORGE, H. V. N. **Investigação Criminal Tecnológica**, vols. 1 e 2. Rio de Janeiro: Brasport, 2018.

KAMINSKI, O. (org.). **Internet legal:** o Direito na tecnologia da informação – doutrina e jurisprudência. Curitiba: Juruá, 2003.

LEAL, S. do R. C. S. **Contratos eletrônicos:** validade jurídica dos contratos via internet. 2.ed. São Paulo: Almedina Brasil, 2018.

LEONARDI, M. **Tutela e Privacidade na internet.** São Paulo: Saraiva, 2012.

LIMA, R. B. de. **Curso de Processo Penal.** Niterói: Impetus, 2013.

LIMA, R. B. de. **Pacote Anticrime:** comentários à lei nº 13.964/19. Salvador: JusPodivm, 2020.

LUCCA, N. de; SIMÃO FILHO, A. (orgs.). **Direito & Internet:** aspectos jurídicos relevantes. São Paulo: Edipro, 2001.

MAIS CELULAR. Site. Disponível em: <https://www.maiscelular.com.br/>. Acesso em: 25 fev. 2022.

MALDONADO, V. N.; ÓPICE BLUM, R. **LGPD Comentada.** 3.ed. São Paulo: Revista dos Tribunais, 2021.

MARQUES, A. T. G. L. **A prova documental na internet:** validade e eficácia do documento eletrônico. Curitiba: Juruá, 2005.

MARQUES, J.; SILVA, M. F. (orgs.). **O Direito na Era Digital.** Porto Alegre: Livraria do Advogado, 2012.

MENDRONI, M. B. **Crime Organizado:** aspectos gerais e mecanismos legais. 2.ed. São Paulo: Atlas, 2020.

MENDRONI, M. B. **Curso de Investigação Criminal.** 3.ed. São Paulo: Atlas 2013.

MENDRONI, M. B. **Provas no Processo Penal.** 2.ed. São Paulo: Atlas, 2015.

MONTEIRO, M. **Informática Forense.** São Paulo: Leud, 2018.

MUOIO, A. F.; AGUIAR, M. **Crimes na rede:** o perigo que se esconde no computador. São Paulo: Companhia Ilimitada, 2006.

NETO, M. F.; SANTOS, J. E. L; GIMENES, E. V. **Crimes na internet e inquérito policial eletrônico.** São Paulo: Edipro, 2018.

PACHECO, D. F. **Direito Processual Penal:** teoria, crítica e práxis. 6.ed. Niterói: Impetus, 2009.

PAESANI, L. M. **O Direito na sociedade da informação.** São Paulo: Atlas, 2013.

PEREIRA, M. C. **Direito à intimidade na internet.** Curitiba: Juruá, 2011.

PINHEIRO, P. P. **Direito Digital.** 4.ed. São Paulo: Saraiva, 2010.

PINHEIRO, P. P. **Direito Digital.** 7.ed. São Paulo: Saraiva, 2021.

PINTO, A. L. **Aproximação entre a Ciência da Informação com a Ciência Policial.** São Paulo: Senac, 2019.

PLANTULLO, V. L. **Estelionato eletrônico:** segurança na internet. Curitiba: Juruá, 2003.

REGULAMENTO GERAL SOBRE A PROTEÇÃO DE DADOS. (GDPR – REG 2016/679/UE). Disponível em: <https://gdprinfo.eu/pt-pt>. Acesso em: 14 mar. 2022.

SANCHEZ, P. L. P. Exames em Computação Embarcada. *In*: VELHO, J. A. (org.). **Tratado de Computação Forense.** São Paulo: Millennium, 2016.

SANTOS, M. J. P.; TAVARES DA SILVA, R. B. (coords.). **Responsabilidade Civil na internet e nos demais meios de comunicação.** São Paulo: Saraiva, 2012.

SILVEIRA, C. M. et al. Methodology for Forensics Data Reconstruction on Mobile Devices with Android Operating System Applying In-System Programming and Combination Firmware. **Applied Sciences**, vol. 10, n. 12, June 20, 2020.

SOURCE. **Criptografia de disco completo.** 05 out. 2021. Disponível em: <https://source.android.com/security/encryption/full-disk>. Acesso em: 25 fev. 2022.

SYDOW, S. T. **Crimes informáticos e suas vítimas** (Coleção saberes monográficos). 2.ed. São Paulo: Saraiva, 2014.

THEODORO JÚNIOR, H. **Curso de Direito Processual Civil.** 20.ed. Rio de Janeiro: Forense, 1997.

TOURINHO FILHO, F. da C. **Código de Processo Penal Comentado.** 15.ed. São Paulo: Saraiva, 2014.

VANCIM, A. R.; NEVES, F. F. **Direito & Internet:** contrato eletrônico e responsabilidade civil na web. Franca: Lemos e Cruz, 2011.

VANCIM, A. R.; NEVES, F. F. **Marco Civil da Internet:** anotações à lei nº 12.965/2014. 2.ed. Leme: Mundo Jurídico, 2015.

VECCHIA, E. D. **Perícia Digital:** da investigação à análise forense. Campinas: Millenium, 2014.

VELHO, J. A. (org.). **Tratado de Computação Forense.** Campinas: Millenium, 2016.

VELHO, J. A.; GEISER, G. C.; ESPINDULA, A. (orgs.) **Ciências Forenses:** uma introdução às principais áreas da criminalística moderna. 4.ed. Campinas: Millenium, 2021.

VELLUCCI, S. L. Metadata. **Annual Review of Information Science and Technology**, vol. 33, 1998.

VIEIRA, J. L. **Crimes na internet interpretados pelos Tribunais.** São Paulo: Edipro, 2009.

VRUBEL, A.; GROCHOCKI, L. R. Exames em equipamentos portáteis e telefonia móvel. *In*: VELHO, J. A. (org.). **Tratado de Computação Forense.** Campinas: Millenium, 2016.

WENDT, E.; JORGE, H. V. N. **Crimes cibernéticos:** ameaças e procedimentos de investigação. 3.ed. Rio de Janeiro: Brasport, 2021.

ZANIOLO, P. A. **Crimes modernos:** o impacto da tecnologia no Direito. 4.ed. Curitiba: Juruá, 2021.

Acompanhe a BRASPORT nas redes sociais e receba regularmente informações sobre atualizações, promoções e lançamentos.

 @Brasport

 /brasporteditora

 /editorabrasport

 /editoraBrasport

Sua sugestão será bem-vinda!

Envie uma mensagem para **marketing@brasport.com.br** informando se deseja receber nossas newsletters através do seu e-mail.

e-Book
50% mais barato que o livro impresso.

+ de 200 Títulos

Confira nosso catálogo!

À venda nos sites das melhores livrarias.